Sven Höfer

Wohn- und Betreuungsvertragsgesetz (WBVG)

Gesetzestext mit Begründung und Praxisleitfaden mit Mustervertrag

D1720885

Sven Höfer

Wohn- und Betreuungsvertragsgesetz (WBVG)

Gesetzestext mit Begründung und Praxisleitfaden
mit Mustervertrag

Deutsche Bibliothek – CIP-Einheitsaufnahme
Ein Titeldatensatz für diese Publikation ist bei der Deutschen
Bibliothek erhältlich.

© 2009 Lambertus-Verlag, Freiburg im Breisgau
www.lambertus.de
Umschlaggestaltung: Nathalie Kupfermann, Bollschweil
Satz: Phillipp Zürcher, Freiburg
Herstellung: Franz X. Stückle, Druck und Verlag Ettenheim
ISBN 978-3-7841-1923-6

INHALT

VORWORT

Ab dem 1. Oktober 2009 findet das neue Wohn- und Betreuungsvertragsgesetz (WBVG) Anwendung. Es ersetzt die vertragsrechtlichen Vorschriften des Heimgesetzes. Neben den klassischen Heimverträgen gilt es für sämtliche Vertragskonstellationen, bei denen die Überlassung von Wohnraum mit der Erbringung von Pflege- oder Betreuungsleistungen verbunden wird. Erfasst werden damit nicht nur die herkömmlichen Formen stationärer Pflege und Betreuung, sondern auch neue ambulant betreute Wohnformen. Im Vergleich zum Heimgesetz ist der Anwendungsbereich daher deutlich erweitert.

Der vorliegende Band soll dem Rechtsanwender helfen, sich möglichst schnell ist die neuen Regelungen einzuarbeiten und diese rechtssicher anzuwenden. Zu diesem Zweck ist dem Gesetzestext eine praxisorientierte Übersicht über die wesentlichen Regelungen vorangestellt. Nach dem Gesetzestext findet sich die Gesetzesbegründung, zugeordnet dem jeweiligen Absatz einer Vorschrift. Die Gesetzesbegründung erläutert die einzelnen Regelungen detailliert und gibt für die Auslegung der Normen die Intention des Gesetzgebers wieder. An einem in der Praxis gängigen Musterheimvertrag für den Bereich der stationären Altenhilfe wird sodann der durch das WBVG entstehende Anpassungsbedarf demonstriert. Den Abschluss bildet ein Anhang mit den vertragrechtlichen Vorschriften des „alten" (Bundes-)Heimgesetzes zum Vergleich mit der Neuregelung und die Stellungnahme der BAGFW zum Gesetzentwurf, die wichtige Hinweise auf die Problempunkte im Gesetzgebungsverfahren gibt.

Die Erstellung eines solchen Bandes ist eine Gemeinschaftsaufgabe. An dieser Stelle möchte ich Herrn Justitiar Friedrich Schmid vom Diözesancaritasverband Freiburg sehr herzlich danken. Er hat nicht nur den Musterheimvertrag zur Verfügung gestellt, sondern sich auch an der Erstellung der Anpassungshinweise maßgeblich beteiligt. Besonderer Dank gilt auch den Fachverbänden Caritas Behindertenhilfe und Psychiatrie e.V. (CBP) und Verband katholischer Altenhilfe in Deutschland e.V. (VKAD), auf deren Anregung das Buch entstanden ist.

Freiburg, im Juli 2009   Sven Höfer

I. ÜBERBLICK ÜBER DIE WESENTLICHEN REGELUNGEN DES WOHN- UND BETREUUNGSVERTRAGSGESETZES (WBVG)

1. EINLEITUNG

Durch die am 1. September 2006 in Kraft getretene Föderalismusreform hat sich die Gesetzgebungskompetenz für das Heimrecht geändert. Danach sind für die **ordnungsrechtlichen Vorschriften** des bisherigen Heimgesetzes (Anforderungen an Betrieb und Ausstattung von Heimen, Heimaufsicht etc.) nunmehr die einzelnen **Bundesländer** zuständig.

Der **Bund** hat weiterhin die Gesetzgebungszuständigkeit für die bürgerlich-rechtlichen Vorschriften, d.h. für die **Regelungen über die vertraglichen Beziehungen zwischen den Bewohnern und den Trägern** der Einrichtungen und Dienste.

Im Heimgesetz war dieser Bereich in den §§ 5 bis 9 und 14 geregelt. Mit dem Wohn- und Betreuungsvertragsgesetz (WBVG) nimmt der Bund nun seine Gesetzgebungskompetenz wahr und ersetzt die §§ 5 bis 9 und 14 des Heimgesetzes.[1] Die übrigen Vorschriften des Heimgesetzes gelten nach Artikel 125a Absatz 1 GG als Bundesrecht fort, bis sie durch Landesrecht abgelöst werden. In einigen Ländern sind entsprechende Regelungen bereits in Kraft getreten.

> **Hinweis:**
> Entsprechend der Gesetzgebungskompetenz des Bundes gehen die vertragsrechtlichen Regelungen des WBVG kollidierenden landesrechtlichen Regelungen zum Heimvertragsrecht vor (z.B. Landesheimgesetz Baden-Württemberg).

---

[1] Zum Vergleich sind die Normen im Anhang abgedruckt.

Das WBVG orientiert sich an den vertragsrechtlichen Regelungen des Heimgesetzes. Von daher wird durch das Gesetz kein vollständig neues Recht geschaffen, viele Regelungen sind im Grundsatz bekannt. Das WBVG verwendet aber eine neue Terminologie. Anstatt von Träger und Bewohner zu sprechen, verwendet es die Begriffe **Unternehmer und Verbraucher entsprechend den §§ 13, 14 des Bürgerlichen Gesetzbuches.** Darüber hinaus modifiziert das WBVG die bisherigen Bestimmungen auf der Grundlage eines anderen Anknüpfungspunktes. Während das Heimgesetz an die Wohnform Heim anknüpft, ist das WBVG in seinem Anwendungsbereich deutlich weiter. Es soll allgemein ältere sowie pflegebedürftige oder behinderte volljährige Menschen (Verbraucher) beim Abschluss von Verträgen mit Unternehmern schützen. Erfasst werden daher alle Verträge, in denen die **Überlassung von Wohnraum mit der Erbringung von Pflege- oder Betreuungsleistungen verbunden** ist, die der Bewältigung eines durch Alter, Pflegebedürftigkeit oder Behinderung bedingten Hilfebedarfs dienen. Bei diesen Verträgen besteht nach Auffassung des Gesetzgebers ein besonderer Schutzbedarf auf Seiten der Verbraucher, weil diese durch die Koppelung der Wohnraumüberlassung mit den Pflege- oder Betreuungsleistungen in doppelter Weise vom Unternehmer abhängig seien. Diese gesteigerte Abhängigkeit werde darüber hinaus nochmals dadurch verstärkt, dass es sich bei den Verträgen in der Regel um langfristige Entscheidungen zum Lebensmittelpunkt handele. Die angebotenen Leistungen und vertraglichen Regelungen seien zudem vielfach so komplex, dass die Verbraucher augrund fehlenden Wissens und Erfahrung gegenüber dem Unternehmer nicht als gleichberechtigte Verhandlungs- und Vertragspartner auftreten könnten. Vor diesem Hintergrund soll das WBVG die Verbraucher schützen und sämtliche Vertragskonstellationen erfassen, bei denen dieser Schutzbedarf besteht. Im Gegensatz zum Heimgesetz ist der Anwendungsbereich daher nicht auf die herkömmlichen Formen stationärer Pflege und Betreuung beschränkt, sondern auch ambulant betreute Wohnformen werden erfasst.

Im Folgenden wird ein Überblick über die wesentlichen Regelungen des WBVG gegeben. Eine detailliertere Erläuterung ist der im Anschluss an den Gesetzestext abgedruckten Gesetzesbegründung zu entnehmen.

2. ANWENDUNGSBEREICH

Der Anwendungsbereich des WBVG wird durch die §§ 1 und 2 bestimmt. Danach müssen folgende Punkte erfüllt sein, damit das Gesetz zur Anwendung kommt:

1. Es muss ein Vertrag geschlossen werden, bei dem zwei Leistungsbereiche miteinander verbunden werden:
   (1) die Überlassung von Wohnraum
   (2) die Erbringung von Pflege- oder Betreuungsleistungen.
2. Der eine Vertragspartner muss Verbraucher sein.
3. Der andere Vertragspartner muss Unternehmer sein.
4. Der Vertrag darf nicht explizit vom Anwendungsbereich ausgenommen sein (§ 2 WBVG)

2.1. DIE ANWENDUNG AUSLÖSENDE VERTRAGSKONSTELLATIONEN

Das WBVG knüpft nicht mehr an eine bestimmte Wohn- oder Einrichtungsform an. Das Gesetz kommt vielmehr dann zur Anwendung, wenn eine den **besonderen Schutzbedarf** auslösende Vertragskonstellation vorliegt. Eine solche ist gegeben, wenn ein Vertrag über die Überlassung von Wohnraum mit einem Vertrag über die Erbringung von Pflege- oder Betreuungsleistungen gekoppelt wird. Der besondere Schutzbedarf resultiert dabei aus der **doppelten Abhängigkeit des Verbrauchers** vom Unternehmer.

Beispiel:

Die siebzigjährige V (Pflegestufe I) möchte in eine Wohngruppe einziehen. Vermieterin des Wohnraums ist der Träger T. In dem zwischen V und T zu schließenden Vertrag soll neben der Miete des Zimmers vereinbart werden, dass die Pflegeleistungen von der zu T gehörenden Sozialstation erbracht werden.

Das WBVG findet Anwendung, da hier die Überlassung von Wohnraum mit der Erbringung von Pflegeleistungen verbunden wird.

Nicht jede Pflege- oder Betreuungsleistung fällt in den Anwendungsbereich des WBVG. Es muss sich um Leistungen handeln, die der Bewältigung eines durch Alter, Pflegebedürftigkeit oder Behinderung bedingten Hilfebedarfes dienen. Darüber hinaus sind nach Satz 3 des Absatzes 1 **allgemeine Unterstützungsleistungen vom Anwendungsbereich des WBVG ausgenommen**. Das Gesetz selbst enthält eine beispielhafte und damit **nicht abschließende Aufzählung** allgemeiner Unterstützungsleistungen. Unter diesen Begriff fallen danach die Vermittlung von Pflege- oder Betreuungsleistungen, Leistungen der hauswirtschaftlichen Versorgung oder auch Notrufdienste. Ziel der Herausnahme der allgemeinen Unterstützungsleistungen ist, das **sogenannte Service-Wohnen** nicht unter den Anwendungsbereich des WBVG fallen zu lassen. Wird im Zusammenhang mit der Vermietung von Wohnraum ein Notrufdienst oder ein Fahr- und Begleitdienst angeboten, so gilt für den bzw. die Verträge das WBVG nicht.

Beispiel:

V schließt mit dem Träger T einen Vertrag über eine betreute Seniorenwohnung. In diesem werden zusätzlich die Erbringung allgemeiner Beratungsleistungen (z.b. über sozialrechtliche Ansprüche) und die Vermittlung von Pflegeleistungen, hauswirtschaftlichen Diensten und Notrufdiensten geregelt.

Auf diese Vertragskonstellation findet das WBVG keine Anwendung, weil mit der Wohnraumüberlassung lediglich allgemeine Unterstützungsleistungen verbunden werden.

Anders wäre der Fall, wenn T in dem Vertrag mit V zusichert, im Bedarfsfall Pflegeleistungen zu erbringen.

Hinweis:

Die Angebote des **„Betreuten Wohnens"** sind nicht generell vom Anwendungsbereich des WBVG ausgenommen. Hier ist jeweils zu prüfen, ob die mit der Überlassung von Wohnraum verbundenen Pflege- oder Betreuungsleistungen über den Bereich der allgemeinen Unterstützungsleistungen hinausgehen.

Wird die Überlassung von Wohnraum mit einer Pflege- oder Betreuungsleistung verbunden, die über eine allgemeine Unterstützungsleistung hinausgeht, so fallen auch alle weiteren allgemeinen Unterstützungsleistungen in den Anwendungsbereich des WBVG.

Für die Anwendbarkeit des WBVG ist es unerheblich, ob die Pflege- oder Betreuungsleistungen sofort erbracht oder nur vorgehalten werden (§ 1 Abs. 1 Satz 2 WBVG). Erfasst werden damit auch Vertragskonstellationen, bei denen zwar nicht im Zeitpunkt des Vertragsschlusses aber im Falle eines späteren Bedarfes Pflege- und Betreuungsleistungen zu erbringen sind.

Beispiel:

Der rüstige V will in die Seniorenwohnanlage des Trägers T umziehen. Zum Zeitpunkt des Umzuges benötigt V weder Pflege- noch Betreuungsleistungen. In dem Vertrag zwischen V und T soll allerdings vereinbart werden, dass T dem V Pflege- und Betreuungsleistungen erbringt, wenn diese notwendig werden.

Auf diesen Vertrag findet das WBVG Anwendung. Zwar werden zum Zeitpunkt des Einzuges des V noch keine Pflege- und Betreuungsleistungen erbracht. Der V hat sich aber zu Abnahme solcher Leistungen im Bedarfsfall verpflichtet und ist daher in gleicher Weise schutzwürdig.

2.2. VERBRAUCHER

Einer der Vertragspartner muss ein volljähriger Verbraucher sein. Nach § 13 des Bürgerlichen Gesetzbuches ist Verbraucher jede natürliche Person, die ein Rechtsgeschäft zu einem Zweck abschließt, der weder ihrer gewerblichen noch ihrer selbständigen beruflichen Tätigkeit zugerechnet werden kann. Der zukünftige Bewohner muss somit als Privatperson handeln. Das Erfordernis der Volljährigkeit soll Angebote der Kinder- und Jugendhilfe vom Anwendungsbereich des WBVG ausschließen.

2.3. UNTERNEHMER

Der andere Vertragspartner muss Unternehmer sein. Nach § 14 des Bürgerlichen Gesetzbuches sind Unternehmer natürliche oder juristische Personen oder rechtsfähige Personengesellschaften, die bei Abschluss eines Rechtsgeschäfts in Ausübung ihrer gewerblichen oder selbständigen beruflichen Tätigkeit handeln. Erfasst werden damit alle Anbieter, welche die besagten Leistungen am Markt gegen Entgelt anbieten.

Hinweis:

Auf die Gewinnerzielungsabsicht kommt es nicht an. Auch gemeinnützige Organisationen oder Vereine können daher Unternehmer im Sinne des § 14 BGB sein.

2.4. AUSNAHMEN VOM ANWENDUNGSBEREICH (§ 2 WBVG)

§ 2 WBVG enthält eine abschließende Aufzählung von Verträgen, auf die das WBVG keine Anwendung findet. Hierzu zählen beispielsweise Verträge über Leistungen von Krankenhäusern. Nicht in diesen Katalog aufgenommen wurden die Tages- und Nachtpflege sowie die Kurzzeitpflege, so dass das WBVG hier grundsätzlich zur Anwendung kommt.

Hinweis:

Zwar ist fraglich, ob es bei der Tages- und Nachtpflege sowie der Kurzzeitpflege zu einer Überlassung von Wohnraum kommt. Die Anwendbarkeit des WBVG ergibt sich aber aus § 119 SGB XI. Danach findet das WBVG auf Verträge zwischen dem Träger einer stationären Pflegeeinrichtung und dem pflegebedürftigen Bewohner, die nicht in den Anwendungsbereich des WBVG fallen, entsprechende Anwendung.

2.5. ENTSPRECHENDE ANWENDUNG DES WBVG (§ 1 ABS. 2 WBVG)

Das WBVG findet Anwendung auf Verträge, bei denen die Überlassung von Wohnraum mit der Erbringung von Pflege- oder Betreuungsleistungen verbunden wird. Die für die Anwendbarkeit notwendige Verknüpfung von Wohnraumüberlassung auf der einen Seite und der Erbringung von Pflege- oder Betreuungsleistungen auf der anderen Seite könnte leicht umgangen werden, z.B. durch

- die formale Aufspaltung in zwei rechtlich selbständige Verträge oder
- die Aufteilung der Verträge auf verschiedene Unternehmer.

Eine solche **Umgehung** versucht § 1 Abs. 2 WBVG zu verhindern, in dem er das WBVG in diesen Fallkonstellationen für entsprechend anwendbar erklärt.

2.5.1. Rechtliche Verknüpfung getrennter Verträge

Sollte die Überlassung von Wohnraum und die Erbringung von Pflege- oder Betreuungsleistungen in **getrennten Verträgen** geregelt sein, so findet das WBVG Anwendung, wenn die beiden Verträge rechtlich miteinander verknüpft sind. Dies ist immer dann der Fall, wenn der Verbraucher den Vertrag über die Überlassung des Wohnraums nicht ohne den Vertrag über die Erbringung von Pflege- oder Betreuungsleistungen abschließen kann. Das gleiche gilt, wenn der Vertrag über die Erbringung von Pflege- oder Betreuungsleistungen für den Verbraucher **nicht gesondert kündbar** ist.

Beispiel:

Der Träger T betreibt eine Wohnanlage für behinderte Menschen. In diesem Zusammenhang hält er auch einen Pflegedienst vor, welcher Pflege- und Betreuungsleistungen erbringt.

Die Bewohner der Anlage schließen mit T einen Vertrag über die Überlassung des Wohnraums. Darüber hinaus wird in einem getrennten Vertrag die Inanspruchnahme der Pflege- bzw. Betreuungsleistungen geregelt. Es wird vereinbart, dass der Vertrag über die Erbringung der Pflege- bzw. Betreuungsleistungen nur zusammen mit dem Mietvertrag gekündigt werden kann.

In dieser Fallkonstellation findet das WBVG Anwendung, weil die Verträge rechtlich miteinander verknüpft sind. Die Bewohner sind aufgrund der doppelten Abhängigkeit von T besonders schutzwürdig.

Anders wäre es, wenn der Bewohner den Vertrag über die Erbringung der Pflege- und Betreuungsleistungen gesondert kündigen und einen anderen Anbieter in Anspruch nehmen könnte.

2.5.2. Tatsächliche Abhängigkeit der getrennten Verträge

Das WBVG findet auch dann Anwendung, wenn der Unternehmer den Vertrag über die Überlassung von Wohnraum zwar nicht rechtlich aber tatsächlich von dem Vertrag über die Erbringung von Pflege- oder Betreuungsleistungen abhängig macht.

Beispiel:
Der Träger T betreibt eine Seniorenwohnanlage und eine Sozialstation. In dem Gespräch mit dem Interessenten V legt der Vertreter des T diesem zwei getrennte Verträge vor. Es handelt sich um einen Mietvertrag über ein Zimmer in der Wohnanlage und um einen Pflegevertrag mit der Sozialstation. Der Vertreter erklärt dem V, dass er den Mietvertrag erst abschließe wenn dieser den Pflegevertrag unterschrieben habe.

2.5.3. Rechtliche oder wirtschaftliche Verbundenheit verschiedener Unternehmer

Die Überlassung von Wohnraum und die Erbringung von Pflege- oder Betreuungsleistungen können nicht nur in getrennten Verträgen geregelt sein, die Verträge können darüber hinaus auch mit **unterschiedlichen Unternehmern** abgeschlossen werden. So kann der Wohnraum vom Unternehmer A gemietet und die Pflegeleistung von Unternehmer B bezogen werden. Das WBVG findet in diesem Fall grundsätzlich keine Anwendung, weil keine doppelte Abhängigkeit von einem Unternehmer besteht und damit keine besondere Schutzbedürftigkeit des Verbrauchers gegeben ist. Dies gilt allerdings nur dann, wenn die beiden Unternehmer nicht rechtlich oder wirtschaftlich miteinander verbunden sind (§ 1 Abs. 2 Satz 2 WBVG).

Eine rechtliche Verbindung zwischen den Unternehmern besteht dann, wenn die Unternehmer untereinander Verträge schließen, die einen Bezug zum Anwendungsbereich des WBVG haben. Dies können beispielsweise **Kooperationsvereinbarungen** hinsichtlich der Überlassung von Wohnraum und der Erbringung von Pflege- und Betreuungsleistungen sein.

Beispiel:

Der Träger T betreibt eine Seniorenwohnanlage. Der Träger D betreibt einen Pflegedienst. T und D vereinbaren, dass die Bewohner der Seniorenwohnanlage nur den Pflegedienst von D in Anspruch nehmen können. In den Verträgen mit den Bewohnern wird dies so umgesetzt, dass der Abschluss eines Mietvertrages von dem Abschluss eines Pflegevertrages mit D abhängig ist.

Das WBVG findet Anwendung. Es handelt sich bei dem Mietvertrag und dem Pflegevertrag um rechtlich selbständige Verträge die zudem mit unterschiedlichen Unternehmen abgeschlossen werden. Die Verträge sind aber voneinander abhängig und die Unternehmen sind rechtlich miteinander verbunden. Es besteht eine besondere Schutzbedürftigkeit des Verbrauchers, weil dieser durch den Abschluss des Mietvertrages automatisch an einen bestimmten Unternehmer gebunden wird.

Wirtschaftlich sind die Unternehmen miteinander verbunden, wenn es sich zwar um rechtlich selbständige Unternehmen handelt, diese aber **gesellschaftsrechtlich miteinander verflochten** sind. Dies kann beispielsweise dann der Fall sein, wenn die Unternehmen derselben Gesellschaft gehören.

Beispiel:

Der Träger T hat die Gesellschaften M-GmbH und P-GmbH gegründet. T ist jeweils alleiniger Gesellschafter. Die M-GmbH betreibt eine Seniorenwohnanlage. Die P-GmbH betreibt einen Pflegedienst. Die Bewohner der Seniorenwohnanlage schließen mit der M-GmbH einen Mietvertrag über den Wohnraum. Zusätzlich schließen sie mit der P GmbH einen Pflegevertrag, der nur gemeinsam mit dem Mietvertrag gekündigt werden kann.

Das WBVG findet trotz der Aufteilung der Verträge auf verschiedene Unternehmen Anwendung, weil die Unternehmen wirtschaftlich miteinander verbunden sind. T kann durch die von ihm gewählte gesellschaftsrechtliche Gestaltung die Anwendbarkeit des WBVG nicht umgehen.

Hinweis:

Die **Beweislast** dafür, dass keine rechtliche oder wirtschaftliche Verbundenheit besteht, **liegt beim Unternehmer!** Dies bedeutet: Wird in getrennten Verträgen mit verschiedenen Unternehmern die Überlassung von Wohnraum mit der Erbringung von Pflege- oder Betreuungsleistungen rechtlich oder tatsächlich gekoppelt (§ 1 Abs. 2 Satz 1 WBVG), so wird vermutet, dass die Unternehmer rechtlich oder wirtschaftlich miteinander verbunden sind.

3. VORVERTRAGLICHE INFORMATIONSPFLICHTEN (§ 3 WBVG)

Kommt das WBVG zur Anwendung, dann treffen den Unternehmer als eine wesentliche Konsequenz umfangreiche **Informationspflichten vor** dem eigentlichen **Vertragsschluss.** Der Unternehmer muss den Verbraucher in Textform und leicht verständlicher Sprache über sein allgemeines Leistungsangebot und die für den Verbraucher in Betracht kommenden Leistungen informieren. Ziel der Informationspflicht ist es, den Verbraucher in die Lage zu versetzen, verschiedene Angebote miteinander vergleichen zu können.

Hinweis:

Der Rechtsbegriff Textform ist in **§ 126b BGB** definiert. Dort heißt es:

§ 126b Textform
Ist durch Gesetz Textform vorgeschrieben, so muss die Erklärung in einer Urkunde oder auf andere zur dauerhaften Wiedergabe in Schriftzeichen geeignete Weise abgegeben, die Person des Erklärenden genannt und der Abschluss der Erklärung durch Nachbildung der Namensunterschrift oder anders erkennbar gemacht werden.
Das Erfordernis „in leicht verständlicher Sprache" ist nicht definiert. Auch die Gesetzesbegründung enthält hierzu keine Erläuterung. Im Zusammenhang mit ähnlichen Formulierungen im BGB wird gefordert, dass ein verwirrender Satzbau vermieden und der richtige Zusammenhang gewahrt wird. Fachausdrücke dürfen nur verwendet werden, wenn zu erwarten ist, dass sie vom Verbraucher verstanden werden.

Welche Informationen jeweils erforderlich sind, ist in § 3 Absatz 2 für das allgemeine Leistungsangebot und in § 3 Absatz 3 für die konkreten Leistungen näher beschrieben.

Da die Beschreibung des allgemeinen Leistungsangebotes nicht individuell auf den einzelnen Verbraucher zugeschnitten sein muss, kann diese **Information z.B. in Form eines Prospektes** erfolgen.

Hinweis:

Nach § 6 Absatz 3 WBVG werden die vorvertraglichen Informationen Bestandteil des späteren Vertrages. **Abweichungen von den vorvertraglichen Informationen sind gesondert kenntlich zu machen.**

Dies bedeutet, dass der Unternehmer immer prüfen muss, zu welchem Zeitpunkt und mit welchem Inhalt der Verbraucher informiert wurde und ob sich in der Zwischenzeit Änderungen beispielsweise hinsichtlich Entgelt, Leistungskonzept oder bei den Ergebnissen der Qualitätsprüfung ergeben haben.

Ist der Unternehmer seiner vorvertraglichen Informationspflicht nicht nachgekommen, so kann der Verbraucher als **Rechtsfolge** den Vertrag **jederzeit fristlos kündigen.**

Wurde die Information im Interesse des Verbrauchers unterlassen, z.B. weil dieser unverzüglich in eine Pflegeeinrichtung aufgenommen werden will, muss der Unternehmer die **Information mit dem Vertragsschluss nachholen** (§ 3 Absatz 4 in Verbindung mit § 6 Absatz 2 Satz 3 WBVG). In diesem Fall kann der Verbraucher den Vertrag dann noch innerhalb von zwei Wochen nach Beginn des Vertragsverhältnisses bzw. nach Aushändigung der Vertragsurkunde fristlos kündigen (§ 11 Absatz 2 WBVG).

Hinweis:

Kommt der Unternehmer seiner vorvertraglichen Informationspflicht nicht nach, dann gewährt das WBVG dem Verbraucher ein **Sonderkündigungsrecht.** Dies muss aber nicht die einzige Konsequenz sein. Weitergehende **Schadensersatzansprüche** sind nicht ausgeschlossen. Trifft der Verbraucher mangels hinreichender, vorvertraglicher Informationen eine falsche Auswahlentscheidung zwischen verschiedenen Einrichtungen, dann kann er die ihm daraus entstehenden Kosten gegebenenfalls ersetzt verlangen.

---

4. VERTRAG

4.1. VERTRAGSSCHLUSS UND VERTRAGSDAUER (§§ 4, 6 ABSÄTZE 1 UND 2 WBVG)

Der Vertrag zwischen Verbraucher und Unternehmer muss schriftlich geschlossen werden. Dem Verbraucher ist eine Ausfertigung des Vertrages zu übergeben.

Hinweis:

Was unter Schriftform zu verstehen ist, definiert § 126 BGB:

§ 126 Schriftform
(1) Ist durch Gesetz schriftliche Form vorgeschrieben, so muss die Urkunde von dem Aussteller eigenhändig durch Namensunterschrift oder mittels notariell beglaubigten Handzeichens unterzeichnet werden.
(2) Bei einem Vertrag muss die Unterzeichnung der Parteien auf derselben Urkunde er-folgen. Werden über den Vertrag mehrere gleichlautende Urkunden aufgenommen, so genügt es, wenn jede Partei die für die andere Partei bestimmte Urkunde unterzeichnet.
(3) Die schriftliche Form kann durch die elektronische Form ersetzt werden, wenn sich nicht aus dem Gesetz ein anderes ergibt. [Die elektronische Form ist im WBVG explizit ausgeschlossen.]
(4) Die schriftliche Form wird durch die notarielle Beurkundung ersetzt.

Wird die Schriftform nicht eingehalten, so ist der Vertrag dennoch wirksam. Das Gesetz geht davon aus, dass der Verbraucher auch in diesem Fall ein Interesse daran hat, in dem gemieteten Wohnraum zu verbleiben. Der Verbraucher kann den Vertrag aber jederzeit fristlos kündigen.
Ist der schriftliche Abschluss des Vertrages im Interesse des Verbrauchers unterblieben, so kann und muss der schriftliche Vertragsschluss unverzüglich nachgeholt werden. Ein solcher Fall liegt beispielsweise vor, wenn der Verbraucher nach einem Krankenhausaufenthalt unmittelbar in eine Pflegeeinrichtung einziehen will und zunächst keine Zeit für den formalen Vertragsabschluß bleibt.

Hinweis:

Das WBVG räumt dem Verbraucher ein bisher nicht geregeltes zweiwöchiges Probewohnen ein. Der Verbraucher kann bis zu zwei Wochen

---

nach Vertragsschluss ohne Einhaltung einer Frist kündigen (§ 11 Absatz 2 WBVG).
Die Zweiwochenfrist beginnt erst zu laufen, wenn dem Verbraucher eine Ausfertigung des Vertrages ausgehändigt wird. Dies bedeutet hinsichtlich der Nachholung des schriftlichen Vertragsschlusses, dass der Verbraucher ab dem Zeitpunkt der Nachholung noch zwei Wochen lang fristlos kündigen kann. Der Unternehmer sollte daher den schriftlichen Vertragsschluss baldmöglichst nachholen.

Der Vertrag wird grundsätzlich auf unbestimmte Zeit geschlossen. Eine **Befristung** ist möglich, wenn diese den Interessen des Verbrauchers nicht widerspricht. Dies ist beispielsweise bei der Kurzzeitpflege der Fall. Im Laufe des Gesetzgebungsverfahrens wurde die ursprünglich vorgesehene Höchstdauer der Befristung von drei Monaten gestrichen, so dass die Befristung nunmehr beliebig wiederholt werden kann. Lag die Befristung nicht im Interesse des Verbrauchers, so gilt der Vertrag für unbestimmte Zeit, wenn der Verbraucher nicht innerhalb von zwei Wochen nach dem ursprünglich vereinbarten Fristende widerspricht.

Ist der Verbraucher **geschäftsunfähig**, so kann er keinen wirksamen Vertrag abschließen. In diesem Fall hängt die Wirksamkeit des Vertrages davon ab, dass der Bevollmächtigte/Betreuer den Vertrag genehmigt (§ 4 Absatz 2 WBVG). Bleibt eine solche Genehmigung aus, so gilt der Vertrag hinsichtlich der bis dahin erbrachten Leistungen als wirksam geschlossen. Durch diese Regelung soll verhindert werden, dass der unwirksame Vertrag rückabgewickelt werden muss. Letzteres wäre unter Umständen sehr kompliziert.

Hinweis:

Der Unternehmer kann sich bis zur Entscheidung des Bevollmächtigen/Betreuers grundsätzlich nicht einseitig vom Vertrag lösen. Er kann lediglich den Bevollmächtigten/Betreuer zur Genehmigung auffordern. Kommt der Bevollmächtigte/Betreuer der Aufforderung innerhalb von zwei Wochen nicht nach, so gilt die Genehmigung als verweigert (§ 108 Absatz 2 BGB).

Möglich bleibt für den Unternehmer eine Lösung vom Vertrag aus wichtigem Grund (§ 12 WBVG). Gegebenenfalls muss er dann aber dem Verbraucher Ersatz beschaffen und die Umzugskosten übernehmen.

Unternehmer sollte daher den schriftlichen Vertragsschluss baldmöglichst nachholen.

Das Vertragsverhältnis endet mit dem **Tod des Verbrauchers**. Hinsichtlich des Wohnraumes kann allerdings vereinbart werden, dass der Vertrag noch maximal zwei Wochen fortgilt (§ 4 Absatz 3 WBVG). Damit soll dem Umstand Rechnung getragen werden können, dass der Wohnraum nicht unmittelbar nach dem Tod des Bewohners belegbar ist. In diesem Zeitraum ist das Entgelt für den Wohnraum weiterhin zu entrichten, soweit der Unternehmer allerdings Aufwendungen erspart, sind diese anzurechnen.

Hinweis:

Mit Leistungsempfängern der Pflegeversicherung, die in einer Pflegeeinrichtung im Sinne des § 71 Absatz 2 SGB XI leben, kann die Fortgeltung des Vertrages über den Tod hinaus nicht vereinbart werden. **§ 16 Absatz 1 WBVG in Verbindung mit § 87a Absatz 1 Satz 1 SGB XI** steht dem entgegen. Damit kann für die größte Gruppe der Bewohner weiterhin keine vertragliche Lösung für das Problem gefunden werden, dass der Wohnraum nicht unmittelbar nach dem Sterbetag neu vermietet werden kann und die dadurch entstehenden Kosten einseitig vom Unternehmer zu tragen sind.

In dem Vertrag (oder später) getroffene Regelungen über die Verwahrung von Gegenständen des Verbrauchers bleiben allerdings wirksam (§ 4 Absatz 3 Satz 2 WBVG). Die Kosten für die Verwahrung haben die Erben zu tragen.

4.2. VERTRAGSINHALT UND LEISTUNGSPFLICHTEN (§§ 6 ABSATZ 3 UND 7 WBVG)

Der Vertrag zwischen Verbraucher und Unternehmer muss mindestens eine **detaillierte Beschreibung der Leistungen des Unternehmers** sowie die dafür zu zahlenden Entgelte sowie das Gesamtentgelt enthalten. Die Entgelte sind dabei getrennt nach Überlassung des Wohnraums, Pflege- oder Betreuungsleistungen und gegebenenfalls Verpflegung als Teil der Betreuungskosten anzugeben. Ebenfalls aufzuführen sind die gesondert berechneten Investitionskosten.

Die **vorvertraglichen Informationen des Unternehmers (§ 3 WBVG)** werden Bestandteil des Vertrages. Aus diesem Grund sind sie im Vertrag anzugeben und etwaige Änderungen müssen kenntlich gemacht werden (vgl. oben 3.)

Hinsichtlich der Vertragspflichten von Unternehmer und Verbraucher orientiert sich das WBVG weitgehend am Heimgesetz. Der Unternehmer muss den **Wohnraum** zur Verfügung stellen und die **Pflege- oder Betreuungsleistungen** fachgerecht erbringen. Der Verbraucher hat das vereinbarte **Entgelt** zu zahlen, soweit dies angemessen ist. Für Leistungsempfänger der Pflegeversicherung und der Sozialhilfe gilt jeweils das in den Vergütungsverhandlungen ausgehandelte Entgelt als vereinbart und angemessen.

Der Unternehmer muss weiterhin das Entgelt nach einheitlichen Grundsätzen bemessen **(Differenzierungsverbot)**. Etwas anderes gilt wie schon im Heimgesetz nur hinsichtlich der betriebsnotwendigen Investitionskosten (§ 7 Absatz 3 WBVG).

Wie schon im Heimgesetz muss der Verbraucher unverzüglich schriftlich informiert werden, wenn Leistungen direkt zu Lasten eines Sozialleistungsträgers erbracht werden (§ 7 Absatz 4 WBVG).

Bei einer Abwesenheit des Verbrauchers von länger als drei Tagen muss der Unternehmer die dadurch **ersparten Aufwendungen** auf das Entgelt anrechnen. Er kann im Vertrag eine Pauschalierung des Anrechnungsbetrages vereinbaren. Für Leistungsempfänger der Pflegeversicherung ergibt sich der Anrechnungsbetrag aus den nach § 75 SGB XI geschlossenen Rahmenverträgen.

4.3. WECHSEL DER VERTRAGSPARTEIEN (§ 5 WBVG)

Mit dem **Tod des Verbrauchers** endet grundsätzlich das Vertragsverhältnis (§ 4 Absatz 3 WBVG). In den Fällen, in denen der Verbraucher mit anderen Personen einen auf Dauer angelegten Haushalt geführt hat, wird das Vertragsverhältnis mit diesen Personen für drei Monate fortgeführt, soweit die Personen dies wünschen.

Mit der Vorschrift wird eine Regelung aus dem Mietrecht in das WBVG übernommen. Nach § 563 BGB treten nach Tod des Mieters Angehörige wie der Ehepartner oder die Kinder in das Mietverhältnis ein, wenn sie mit dem Mieter einen gemeinsamen Haushalt geführt haben. Auf diese Weise sollen sie vor einem Auszug geschützt werden, auch wenn sie nicht selber Vertragspartner des Vermieters sind.

Das WBVG greift diese **mietrechtliche Regelung** auf und ordnet für die überlebenden Haushaltsangehörigen die Fortgeltung des Vertrages für drei Monate an. Dabei ist der privilegierte Personenkreis im Vergleich zum Mietrecht weiter. Das WBVG erfasst jeden Mitbewohner des Verstorbenen.

Hinweis:

Die Fortgeltung des Vertrages bezieht sich nur auf die Überlassung des Wohnraumes. Nur hierfür ist von Seiten des überlebenden Haushaltsangehörigen ein Entgelt zu zahlen. Der Unternehmer kann somit für bis zu drei Monaten kein Entgelt für Pflege- oder Betreuungsleistungen realisieren.

Auf Seiten des Unternehmers kann es ebenfalls zu einem Wechsel der Vertragspartei kommen und zwar dann, wenn dieser den überlassenen Wohnraum an einen Dritten veräußert. In diesem Fall tritt der **Erwerber** in die Rechte und Pflichten des Veräußerers ein. Das WBVG verweist hier auf die entsprechenden mietrechtlichen Regelungen der §§ 566 bis 567b des Bürgerlichen Gesetzbuches.

4.4. VERTRAGSANPASSUNG BEI ÄNDERUNG DES BEDARFES (§ 8 WBVG)

Ändert sich der Pflege- oder Betreuungsbedarf des Verbrauchers, z.B. weil dieser in ein neues Stadium einer Krankheit oder Pflegebedürftigkeit eintritt, dann ist der Unternehmer zu einer entsprechenden Anpassung seiner Leistungen verpflichtet. Eine solche Verpflichtung besteht nur dann nicht, wenn der Unternehmer bei Vertragsschluss die Anpassung durch eine schriftliche Vereinbarung ausschließt. Darüber hinaus muss der Unternehmer an dem **Ausschluss** ein berechtigtes Interesse haben. Ein solches kann beispielsweise bestehen, wenn der Unternehmer nach seinem Leistungskonzept Wohnformen für Personen mit geringer Pflegebedürftigkeit anbietet. In diesem Fall kann er die Anpassung ausschließen, soweit die Pflegebedürftigkeit des Verbrauchers ein bestimmtest Maß überschreitet.

Hinweis:

Bei Pflegeeinrichtungen im Sinne des § 71 SGB XI ergibt sich das Leistungskonzept aus dem Versorgungsvertrag. Ein Ausschluss der Anpassungspflicht ist daher nur möglich, wenn der Versorgungsvertrag dies zulässt.

Besteht die Anpassungspflicht des Unternehmers, so hat dieser dem Verbraucher ein entsprechendes Angebot zu unterbreiten. Dieses Angebot kann der Verbraucher nicht, vollständig oder nur teilweise annehmen. Das vom Verbraucher zu zahlende Entgelt verändert sich dann in dem Umfang, wie der Verbraucher das Angebot angenommen hat. Bei Leistungsempfängern der Pflegeversicherung und der Sozialhilfe kann der Unternehmer den Vertrag bei einer Änderung des Pflege- oder Betreuungsbedarfes durch **einseitige Erklärung** anpassen.

Hinweis:

Nimmt der Verbraucher das Angebot zur Vertragsanpassung nicht oder nur teilweise an, dann kann für den Unternehmer die Situation entstehen, dass mit den vom Verbraucher akzeptierten Leistungen keine fachgerechte Pflege- oder Betreuung sicherzustellen ist. In dieser Situation kann der Unternehmer den Vertrag nach § 12 WBVG unter den weiteren dort genannten Voraussetzungen kündigen.

Das Angebot zur Vertragsanpassung ist vom Unternehmer zu begründen. In diesem Zusammenhang hat er die bisherigen und die angebotenen Leistungen und Entgelte gegenüberzustellen. Dies gilt auch bei einer einseitigen Vertragsanpassung durch den Unternehmer bei Leistungsempfängern der Pflegeversicherung oder Sozialhilfe.

Hinweis:

Der Unternehmer muss in den vorvertraglichen Informationen auf seine Pflicht zur Vertragsanpassung hinweisen. Bei Leistungsempfängern der Pflegeversicherung oder der Sozialhilfe ist ein Hinweis auf die Möglichkeit der einseitigen Anpassung erforderlich (§ 3 Absatz 3 Nr. 4 WBVG) In besonders hervorgehobener Form hat eine Darstellung des Umfangs und der Folgen eines beabsichtigten Ausschlusses der Anpassungspflicht zu erfolgen (§ 3 Absatz 3 Nr. 5).

4.5. VERTRAGSANPASSUNG BEI ENTGELTERHÖHUNG (§ 9 WBVG)

Eine Anpassung des Vertrages kann nicht nur durch eine Änderung des Pflege- und Betreuungsbedarfes, sondern auch durch eine Änderung der Berechnungsgrundlage notwendig werden. Der Anpassungsbedarf bezieht sich dann auf das vom Verbraucher zu entrichtende Entgelt.

Ändert sich die Berechnungsgrundlage, z.B. im **Anschluss an Vergütungsverhandlungen** mit den Kostenträgern, kann der Unternehmer die Erhöhung des Entgeltes verlangen. Dabei muss die Erhöhung selbst als auch das erhöhte Entgelt insgesamt angemessen sein. Bei Leistungsempfängern der Pflegeversicherung und der Sozialhilfe gilt das in den Vergütungsverhandlungen vereinbarte Entgelt stets als angemessen in diesem Sinne.

Eine Entgelterhöhung aufgrund von **Investitionskosten** ist nur zulässig, wenn die Investitionen betriebsnotwendig sind und nicht durch öffentliche Förderung gedeckt werden. Maßstab für die Notwendigkeit ist die Art des Betriebes. Auf diese Weise sollen überraschende Entgelterhöhungen z.B. aufgrund von Luxussanierungen verhindert werden.

Für eine Vertragsanpassung im Sinne einer Entgelterhöhung hat der Unternehmer ein bestimmtes Verfahren einzuhalten. Er muss dem Verbraucher mindestens **vier Wochen** vor der beabsichtigten Entgelterhöhung diese mitteilen und begründen.

Hinweis:

Die Entgelterhöhung hängt maßgeblich ab vom Ausgang der Vergütungsverhandlungen mit den Kostenträgern. Der Unternehmer kennt deshalb zum Zeitpunkt der Ankündigung einer Erhöhung weder den endgültigen Erhöhungsbetrag noch den Zeitpunkt, zu dem die Erhöhung wirksam wird. Der Unternehmer muss deshalb den Betrag angeben, welchen er in den Verhandlungen durchsetzen will. Bleibt der verhandelte oder festgesetzte Betrag hinter diesen zurück, so kann der Unternehmer vom Verbraucher nur diesen niedrigeren Betrag verlangen. Hinsichtlich des Zeitpunktes genügt die Angabe, ab wann der Unternehmer das erhöhte Entgelt verlangt.

In der Begründung hat der Unternehmer die Positionen zu benennen, für die sich aufgrund der geänderten Berechnungsgrundlage Kostensteigerungen ergeben. Der Verbraucher muss rechtzeitig Gelegenheit bekommen, die Angaben durch Einsicht in die **Kalkulationsunterlagen** zu überprüfen.

Hinweis:

Nach dem Heimgesetz (§ 7 Absatz 3) mussten die Positionen angegeben werden, für die sich nach dem Abschluss des Vertrages Kostensteigerungen ergeben. Die Angabe war somit auf jeden einzelnen Vertrag bezogen. Nach dem WBVG ist nunmehr unabhängig vom einzelnen Vertrags-

---

schluss der Zeitpunkt der Änderung der Berechnungsgrundlage maßgebend. Der Unternehmer kann die Kostensteigerungen für alle Bewohner gemeinsam darstellen.

Nach § 11 Absatz 1 Satz 2 WBVG kann der Verbraucher im Falle einer Entgelterhöhung den Vertrag zu dem Zeitpunkt **kündigen**, zu dem der Unternehmer das erhöhte Entgelt verlangt.

Hinweis:

Zum Zeitpunkt, zu dem der Unternehmer das erhöhte Entgelt verlangt, kennt der Verbraucher den endgültigen Erhöhungsbetrag regelmäßig nicht, da das Ergebnis der Vergütungsverhandlungen oder die Schiedsstellenentscheidung noch nicht vorliegt. Der Verbraucher muss seine Entscheidung über eine Kündigung in diesem Fall anhand der vom Unternehmer beabsichtigten Entgelterhöhung treffen.

Hinweis:

In den vorvertraglichen Informationen muss der Unternehmer auf die Möglichkeit einer Entgelterhöhung bei Änderung der Berechnungsgrundlage hinweisen (§ 3 Absatz 3 Nr. 4 WBVG)

4.6. KÜNDIGUNG DES VERTRAGES DURCH DEN VERBRAUCHER (§§ 11, 13 WBVG)

Der Verbraucher kann den Vertrag **ordentlich** spätestens bis zum dritten Werktag eines Monats zum Ende des Monats kündigen. Dem Unternehmer bleiben somit ca. vier Wochen, um einen Nachfolger zu finden.
Ist die Überlassung von Wohnraum und die Erbringung von Pflege- oder Betreuungsleistungen in getrennten Verträgen geregelt (vgl. oben 2.5), so kann der Verbraucher die Verträge nur einheitlich kündigen. Wurden die Verträge zudem mit verschiedenen Unternehmern geschlossen, so ist die Kündigung gegenüber allen Unternehmern zu erklären.

Beispiel:

V hat mit dem Träger T einen Mietvertrag über ein Zimmer in einer Seniorenwohnanlage geschlossen. Mit der Sozialstation D besteht ein Vertrag über die Erbringung von Pflegeleistungen. Die Verträge sind rechtlich miteinander verbunden. Will V den Vertrag mit T ordentlich kündigen, so muss er dies auch hinsichtlich des Vertrages mit D tun. Die Kündigung ist sowohl gegenüber T als auch D zu erklären.

Bei einer Entgelterhöhung ist eine Kündigung jederzeit zum Zeitpunkt möglich, zu dem der Unternehmer das erhöhte Entgelt verlangt (vgl. oben 4.5).

Das WBVG gewährt dem Verbraucher ein **außerordentliches** Kündigungsrecht in den ersten zwei Wochen nach Vertragsschluss. Durch diese Regelung wird das sogenannte Probewohnen gesetzlich vorgeschrieben. Die Zweiwochenfrist beginnt mit der Aushändigung einer Vertragsausfertigung an zu laufen.

Ein außerordentliches Kündigungsrecht steht dem Verbraucher ferner aus **wichtigem Grund** zu.

Hinweis:

Ein wichtiger Grund besteht immer dann, wenn Tatsachen vorliegen, die unter Berücksichtigung aller Umstände und unter Abwägung der beiderseitigen Interessen die Fortsetzung des Vertrages für den Kündigenden unzumutbar machen (z.b. bei einem ganz erheblichen Pflegemangel). Ein Verschulden des anderen Vertragspartners ist nicht notwendig.

Sind die Leistungen in verschiedenen Verträgen geregelt und steht dem Verbraucher hinsichtlich eines Vertrages ein außerordentliches Kündigungsrecht zu, so kann er auch die anderen Verträge außerordentlich kündigen. Entscheidet er sich für die Kündigung, so muss er dies einheitlich für alle Verträge und gegenüber allen Unternehmern tun.

Beispiel:

V lebt in einer Wohngruppe für behinderte Menschen. Mit dem Träger T besteht diesbezüglich ein Mietvertrag. Betreuungsleistungen werden von Unternehmer A erbracht. Beide Verträge sind voneinander abhängig. Bei der Leistungserbringung durch A kommt es aufgrund mangelhaft ausgebildeten Personals mehrfach zu Situationen, in denen V erheblich gefährdet wird.

V kann den Vertrag mit A aus wichtigem Grund kündigen. Dies berechtigt ihn auch zur Kündigung des Mietvertrages mit T. Entscheidet sich V für die Kündigung, so muss er beide Verträge einheitlich kündigen und dies sowohl T wie auch A gegenüber erklären.

Hat der Verbraucher den Vertrag aus wichtigem Grund gekündigt und hat der Unternehmer den Kündigungsgrund zu vertreten, so hat der Verbraucher Anspruch auf **Nachweis eines angemessenen Leistungsersatzes** zu zumutbaren Bedingungen, d.h. der Unternehmer muss dem Verbraucher einen anderen leistungsbereiten Unternehmer vermitteln. Darüber hinaus hat der Verbraucher Anspruch auf Übernahme der **Umzugskosten** in angemessenem Umfang.

Wurden Verträge mit verschiedenen Unternehmern geschlossen, so haften die Unternehmer als **Gesamtschuldner**. Dies bedeutet, dass der Verbraucher von jedem Unternehmer den Nachweis des Leistungsersatzes und die Umzugskosten verlangen kann (insgesamt allerdings nur einmal!). Muss dadurch ein Unternehmer gegenüber dem Verbraucher leisten, obwohl er dazu im Innenverhältnis der Unternehmer nicht verpflichtet wäre, kann er gegenüber dem eigentlich verpflichteten Unternehmer Regress nehmen.

Beispiel:

Sachverhalt wie im letzten Beispiel.

V kann nach seiner Wahl von A oder T verlangen, dass ihm ein Platz in der Wohngruppe eines anderen Trägers vermittelt und die Umzugskosten übernommen werden. Sollte V den T in Anspruch nehmen, so kann dieser sich die Kosten im Innenverhältnis von A zurückholen.

Zusammenfassung:

Der Verbraucher kann den Vertrag kündigen durch

1. ordentliche Kündigung (§ 11 Absatz 1 WBVG)
   - spätestens am dritten Werktag eines Monats zum Monatsende,
   - bei einer Entgelterhöhung zum dem Zeitpunkt, zu dem die Erhöhung verlangt wird;
2. außerordentliche Kündigung (§ 11 Absätze 2 und 3 WBVG)
   - innerhalb des zweiwöchigen Probewohnens,
   - bei Verstoß gegen die vorvertraglichen Informationspflichten des Unternehmers (§ 3 WBVG),
   - bei Verstoß gegen das Schriftformerfordernis (§ 6 Absatz 2 WBVG),
   - bei Vorliegen eines wichtigen Grundes.

4.7. **KÜNDIGUNG DES VERTRAGES DURCH DEN UNTERNEHMER (§§ 12, 13 WBVG)**

Der Unternehmer hat im Gegensatz zum Verbraucher **kein ordentliches Kündigungsrecht**. Er kann den Vertrag nur außerordentlich aus wichtigem Grund kündigen. Satz 3 des § 12 Absatz 1 WBVG enthält eine Aufzählung möglicher wichtiger Gründe. Hierzu zählen eine wesentliche Änderung des Betriebes, die Nichtgewährleistung einer fachgerechten Pflege mangels Vertragsanpassung (siehe oben 4.4) und der Zahlungsverzug des Verbrauchers.

Hinweis:
Die Aufzählung des § 12 Absatz 1 Satz WBVG ist nicht abschließend. Der Unternehmer kann auch aus anderen entsprechend wichtigen Gründen den Vertrag kündigen.

Sind die Überlassung von Wohnraum und die Erbringung von Pflege- oder Betreuungsleistungen in verschiedenen Verträgen geregelt, so kann der Unternehmer den Vertrag kündigen, für den ein wichtiger Grund vorliegt. Von den weiteren Verträgen kann er sich dann lösen, wenn ihm aufgrund der Kündigung die Fortführung der weiteren Verträge unter Berücksichtigung der Interessen des Verbrauchers nicht zumutbar ist. Letzteres gilt im Übrigen auch dann, wenn nicht er, sondern der Verbraucher oder ein anderer Unternehmer einen Vertrag gekündigt hat.

Beispiel:
V wohnt in einer Seniorenwohnanlage und hat mit dem Träger T einen Mietvertrag abgeschlossen. Von Unternehmer S bezieht V Pflegeleistungen und von Unternehmer D Betreuungsleistungen. Die Verträge sind miteinander gekoppelt.
Kündigt S den Vertrag mit V wegen Zahlungsverzuges so kann auch D seinen Vertrag mit V kündigen, wenn ihm ein Festhalten des Vertrages unter Berücksichtigung der Interessen von V nicht zumutbar ist.

Kündigt der Unternehmer den Vertrag, weil er seinen Betrieb einschränkt oder verändert, dann hat er dem Verbraucher einen anderen leistungsbereiten Unternehmer zu vermitteln **(Leistungsersatz)** und sich in angemessenem Umfang an den Umzugskosten zu beteiligen. Erfolgt die Kündigung durch den Unternehmer, weil ein anderer Vertrag aus dem Leistungspaket gekündigt wurde, so trifft ihn zumindest der Nachweis eines Leistungsersatzes.

Bei getrennten Verträgen kann der Verbraucher diese Ansprüche gegenüber jedem Unternehmer geltend machen, dessen Vertrag gekündigt wurde. Für die Umzugskosten gilt dies allerdings nur dann, wenn die Kündigung einen Vertrag über die Überlassung von Wohnraum betrifft.

Beispiel:

Sachverhalt wie im Beispiel zuvor.
Kündigt D den Vertrag mit V, so hat er V einen anderen zur Leistung bereiten Unternehmer zu vermitteln.

4.8. Sicherheitsleistung (§ 14 WBVG)

Im Vertrag kann vereinbart werden, dass der Verbraucher dem Unternehmer für die Erfüllung seiner Vertragspflichten Sicherheit zu leisten hat. Die Höhe der Sicherheit ist auf das Doppelte des monatlichen Entgelts begrenzt. Die Sicherheit muss nicht zwingend durch die Zahlung einer Geldsumme geleistet werden, auch die Beibringung einer Garantie eines Kreditinstituts ist in diesem Zusammenhang möglich. Wird die Sicherheit in Form einer Geldsumme geleistet, dann hat der Unternehmer diese in einer dem Mietrecht entsprechenden Form zu verwalten (§ 14 Absatz 3 WBVG).

Hinweis:

Die Möglichkeit der Vereinbarung einer Sicherheitsleistung ist für den Unternehmer nur von begrenztem Wert, denn von der großen Gruppe der Verbraucher, deren Kosten von der Pflegeversicherung oder der Sozialhilfe getragen werden, kann er überwiegend keine Sicherheit verlangen (§ 14 Absatz 4 WBVG). Dies ist deshalb problematisch, weil die dieser Regelung zu Grunde liegende Annahme, dass bei öffentlichen Kostenträgern eine Sicherheitsleistung prinzipiell nicht notwendig ist, nicht mehr generell zutrifft.

4.9. ABWEICHENDE VEREINBARUNGEN (§ 16 WBVG)

Die Regelungen des WBVG stehen nicht zur Disposition der Vertragsparteien. Diese können von den Regelungen zum Nachteil des Verbrauchers nicht abweichen. Für den Verbraucher positive Vereinbarungen sind möglich.

5. VERHÄLTNIS ZU DEN VORSCHRIFTEN DES SGB XI (§ 15 WBVG)

Bei Leistungsempfängern der Pflegeversicherung und der Sozialhilfe wird das privatrechtliche Rechtsverhältnis zum Unternehmer stark durch die Regelungen des SGB XI und SGB XII bestimmt. Die Vertragsparteien können daher keine Vereinbarungen treffen, die dem Leistungserbringungsrecht des SGB XI und SGB XII widersprechen. Im SGB XI sind das die Vorschriften über die Beziehung der Pflegekassen zu den Leistungserbringern (Siebtes Kapitel) und die Vorschriften zur Pflegevergütung (Achtes Kapitel) sowie die aufgrund dieser Vorschriften getroffenen Regelungen (z.B. Rahmenverträge). Im SGB XII handelt es sich um die Regelungen, die aufgrund des Zehnten Kapitels (Einrichtungen) getroffen werden.

Hinweis:

Die Regelungen, die aufgrund der Vorschriften des SGB XI oder SGB XII getroffen werden, können regional unterschiedlich sein. Dies ist bei der Übernahme von Musterverträgen immer zu beachten!

---

6. INKRAFTTRETEN, ANPASSUNG BESTEHENDER VERTRÄGE (§ 17 WBVG)

Das WBVG tritt am 1. Oktober 2009 in Kraft und gilt damit für alle Verträge, die nach diesem Datum geschlossen werden.
Für Heimverträge im Sinne des Heimgesetzes, die bis zum 30. September 2009 geschlossen werden, gilt eine **Übergangsregelung**. Bis zum 30. April 2010 gelten die vertragsrechtlichen Vorschriften des Heimgesetzes. Ab dem 1. Mai 2010 ist auf die Verträge das WBVG anzuwenden.

> **Hinweis:**
>
> Die Regelung bedeutet, dass spätestens bis zum 1. Mai 2010 die Heimverträge angepasst werden sollten. Dabei ist zu beachten, dass der Unternehmer seiner vorvertraglichen Informationspflicht in entsprechender Weise nachkommen muss. Der Unternehmer hat damit vor der schriftlichen Anpassung des Vertrages den Verbraucher so zu informieren, wie wenn erstmals ein Vertrag geschlossen würde (vgl. oben 3).

Auf Verträge, die bis zum 30. September 2009 geschlossen werden und keine Heimverträge im Sinne des Heimgesetzes sind, findet das WBVG keine Anwendung.

> **Hinweis:**
>
> Diese Regelung hat Bedeutung vor dem Hintergrund, dass das WBVG nicht mehr nur die Wohnform Heim und damit die klassischen Heimverträge erfasst. Der Anwendungsbereich des WBVG ist weiter, weshalb nunmehr Verträge in den Anwendungsbereich fallen, die vorher nicht unter das Heimgesetz fielen (z.B. ambulant betreute Wohnformen).
>
> Für Verträge, die in den Anwendungsbereich des WBVG fallen würden, aber vor Inkrafttreten des WBVG am 1. Oktober geschlossen wurden, gilt das WBVG nicht und kommt auch zu einem späteren Zeitpunkt nicht zur Anwendung. Es besteht keine Anpassungspflicht.

II. Gesetzestext WBVG

Gesetz zur Regelung von Verträgen über Wohnraum mit Pflege- oder Betreuungsleistungen (Wohn- und Betreuungsvertragsgesetz – WBVG)[2]

§ 1 Anwendungsbereich

(1) Dieses Gesetz ist anzuwenden auf einen Vertrag zwischen einem Unternehmer und einem volljährigen Verbraucher, in dem sich der Unternehmer zur Überlassung von Wohnraum und zur Erbringung von Pflege- oder Betreuungsleistungen verpflichtet, die der Bewältigung eines durch Alter, Pflegebedürftigkeit oder Behinderung bedingten Hilfebedarfs dienen. Unerheblich ist, ob die Pflege- oder Betreuungsleistungen nach den vertraglichen Vereinbarungen vom Unternehmer zur Verfügung gestellt oder vorgehalten werden. Das Gesetz ist nicht anzuwenden, wenn der Vertrag neben der Überlassung von Wohnraum ausschließlich die Erbringung von allgemeinen Unterstützungsleistungen wie die Vermittlung von Pflege- oder Betreuungsleistungen, Leistungen der hauswirtschaftlichen Versorgung oder Notrufdienste zum Gegenstand hat.

(2) Dieses Gesetz ist entsprechend anzuwenden, wenn die vom Unternehmer geschuldeten Leistungen Gegenstand verschiedener Verträge sind und

1. der Bestand des Vertrags über die Überlassung von Wohnraum von dem Bestand des Vertrags über die Erbringung von Pflege- oder Betreuungsleistungen abhängig ist,

2. der Verbraucher an dem Vertrag über die Überlassung von Wohnraum nach den vertraglichen Vereinbarungen nicht unabhängig von dem Vertrag über die Erbringung von Pflege- oder Betreuungsleistungen festhalten kann oder

---

[2] vom 29. Juli 2009, veröffentlicht in BGB l I, 2319.

3. der Unternehmer den Abschluss des Vertrags über die Überlassung von Wohnraum von dem Abschluss des Vertrags über die Erbringung von Pflege- oder Betreuungsleistungen tatsächlich abhängig macht. Dies gilt auch, wenn in den Fällen des Satzes 1 die Leistungen von verschiedenen Unternehmern geschuldet werden, es sei denn, diese sind nicht rechtlich oder wirtschaftlich miteinander verbunden.

§ 2 AUSNAHMEN VOM ANWENDUNGSBEREICH

Dieses Gesetz ist nicht anzuwenden auf Verträge über
1. Leistungen der Krankenhäuser, Vorsorge- oder Rehabilitationseinrichtungen im Sinne des § 107 des Fünften Buches Sozialgesetzbuch,
2. Leistungen der Internate der Berufsbildungs- und Berufsförderungswerke,
3. Leistungen im Sinne des § 41 des Achten Buches Sozialgesetzbuch,
4. Leistungen, die im Rahmen von Kur- oder Erholungsaufenthalten erbracht werden.

§ 3 INFORMATIONSPFLICHTEN VOR VERTRAGS-SCHLUSS

(1) Der Unternehmer hat den Verbraucher rechtzeitig vor Abgabe von dessen Vertragserklärung in Textform und in leicht verständlicher Sprache über sein allgemeines Leistungsangebot und über den wesentlichen Inhalt seiner für den Verbraucher in Betracht kommenden Leistungen zu informieren.

(2) Zur Information des Unternehmers über sein allgemeines Leistungsangebot gehört die Darstellung
1. der Ausstattung und Lage des Gebäudes, in dem sich der Wohnraum befindet, sowie der dem gemeinschaftlichen Gebrauch dienenden Anlagen und Einrichtungen, zu denen der Verbraucher Zugang hat, und gegebenenfalls ihrer Nutzungsbedingungen,
2. der darin enthaltenen Leistungen nach Art, Inhalt und Umfang,
3. der Ergebnisse der Qualitätsprüfungen, soweit sie nach § 115 Absatz 1a Satz 1 des Elften Buches Sozialgesetzbuch oder nach landesrechtlichen Vorschriften zu veröffentlichen sind.

(3) Zur Information über die für den Verbraucher in Betracht kommenden Leistungen gehört die Darstellung

1. des Wohnraums, der Pflege- oder Betreuungsleistungen, gegebenenfalls der Verpflegung als Teil der Betreuungsleistungen sowie der einzelnen weiteren Leistungen nach Art, Inhalt und Umfang,
2. des den Pflege- oder Betreuungsleistungen zugrunde liegenden Leistungskonzepts,
3. der für die in Nummer 1 benannten Leistungen jeweils zu zahlenden Entgelte, der nach § 82 Absatz 3 und 4 des Elften Buches Sozialgesetzbuch gesondert berechenbaren Investitionskosten sowie des Gesamtentgelts,
4. der Voraussetzungen für mögliche Leistungs- und Entgeltveränderungen,
5. des Umfangs und der Folgen eines Ausschlusses der Angebotspflicht nach § 8 Absatz 4, wenn ein solcher Ausschluss vereinbart werden soll.

Die Darstellung nach Satz 1 Nummer 5 muss in hervorgehobener Form erfolgen.

(4) Erfüllt der Unternehmer seine Informationspflichten nach den Absätzen 1 bis 3 nicht, ist § 6 Absatz 2 Satz 2 und 3 entsprechend anzuwenden. Weitergehende zivilrechtliche Ansprüche des Verbrauchers bleiben unberührt.

(5) Die sich aus anderen Gesetzen ergebenden Informationspflichten bleiben unberührt.

§ 4 VERTRAGSSCHLUSS UND VERTRAGSDAUER

(1) Der Vertrag wird auf unbestimmte Zeit geschlossen. Die Vereinbarung einer Befristung ist zulässig, wenn die Befristung den Interessen des Verbrauchers nicht widerspricht. Ist die vereinbarte Befristung nach Satz 2 unzulässig, gilt der Vertrag für unbestimmte Zeit, sofern nicht der Verbraucher seinen entgegenstehenden Willen innerhalb von zwei Wochen nach Ende der vereinbarten Vertragsdauer dem Unternehmer erklärt.

(2) War der Verbraucher bei Abschluss des Vertrags geschäftsunfähig, so hängt die Wirksamkeit des Vertrags von der Genehmigung eines Bevollmächtigten oder Betreuers ab. § 108 Absatz 2 des Bürgerlichen Gesetzbuchs ist entsprechend anzuwenden. In Ansehung einer bereits bewirkten Leistung und deren Gegenleistung gilt der Vertrag als wirksam geschlossen. Solange der Vertrag nicht wirksam geschlossen worden ist, kann der Unternehmer das Vertragsverhältnis nur aus wichtigem Grund für gelöst erklären; die §§ 12 und 13 Absatz 2 und 4 sind entsprechend anzuwenden.

(3) Mit dem Tod des Verbrauchers endet das Vertragsverhältnis zwischen ihm und dem Unternehmer. Die vertraglichen Bestimmungen hinsichtlich der Behandlung des in den Räumen oder in Verwahrung des Unternehmers befindlichen Nachlasses des Verbrauchers bleiben wirksam. Eine Fortgeltung des Vertrags kann für die Überlassung des Wohnraums gegen Fortzahlung der darauf entfallenden Entgeltbestandteile vereinbart werden, soweit ein Zeitraum von zwei Wochen nach dem Sterbetag des Verbrauchers nicht überschritten wird. In diesen Fällen ermäßigt sich das geschuldete Entgelt um den Wert der ersparten Aufwendungen des Unternehmers.

§ 5 WECHSEL DER VERTRAGSPARTEIEN

(1) Mit Personen, die mit dem Verbraucher einen auf Dauer angelegten gemeinsamen Haushalt führen und nicht Vertragspartner des Unternehmers hinsichtlich der Überlassung des Wohnraums sind, wird das Vertragsverhältnis beim Tod des Verbrauchers hinsichtlich der Überlassung des Wohnraums gegen Zahlung der darauf entfallenden Entgeltbestandteile bis zum Ablauf des dritten Kalendermonats nach dem Sterbetag des Verbrauchers fortgesetzt. Erklären Personen, mit denen das Vertragsverhältnis fortgesetzt wurde, innerhalb von vier Wochen nach dem Sterbetag des Verbrauchers dem Unternehmer, dass sie das Vertragsverhältnis nicht fortsetzen wollen, gilt die Fortsetzung des Vertragsverhältnisses als nicht erfolgt. Ist das Vertragsverhältnis mit mehreren Personen fortgesetzt worden, so kann jeder die Erklärung für sich abgeben.

(2) Wird der überlassene Wohnraum nach Beginn des Vertragsverhältnisses von dem Unternehmer an einen Dritten veräußert, gelten für die Rechte und Pflichten des Erwerbers hinsichtlich der Überlassung des Wohnraums die §§ 566 bis 567b des Bürgerlichen Gesetzbuchs entsprechend.

§ 6 SCHRIFTFORM UND VERTRAGSINHALT

(1) Der Vertrag ist schriftlich abzuschließen. Der Abschluss des Vertrags in elektronischer Form ist ausgeschlossen. Der Unternehmer hat dem Verbraucher eine Ausfertigung des Vertrags auszuhändigen.

(2) Wird der Vertrag nicht in schriftlicher Form geschlossen, sind zu Lasten des Verbrauchers von den gesetzlichen Regelungen abweichende Vereinbarungen unwirksam, auch wenn sie durch andere Vorschriften die-

ses Gesetzes zugelassen werden; im Übrigen bleibt der Vertrag wirksam. Der Verbraucher kann den Vertrag jederzeit ohne Einhaltung einer Frist kündigen. Ist der schriftliche Vertragsschluss im Interesse des Verbrauchers unterblieben, insbesondere weil zum Zeitpunkt des Vertragsschlusses beim Verbraucher Gründe vorlagen, die ihn an der schriftlichen Abgabe seiner Vertragserklärung hinderten, muss der schriftliche Vertragsschluss unverzüglich nachgeholt werden.

(3) Der Vertrag muss mindestens

1. die Leistungen des Unternehmers nach Art, Inhalt und Umfang einzeln beschreiben,

2. die für diese Leistungen jeweils zu zahlenden Entgelte, getrennt nach Überlassung des Wohnraums, Pflege- oder Betreuungsleistungen, gegebenenfalls Verpflegung als Teil der Betreuungsleistungen sowie den einzelnen weiteren Leistungen, die nach § 82 Absatz 3 und 4 des Elften Buches Sozialgesetzbuch gesondert berechenbaren Investitionskosten und das Gesamtentgelt angeben,

3. die Informationen des Unternehmers nach § 3 als Vertragsgrundlage benennen und mögliche Abweichungen von den vorvertraglichen Informationen gesondert kenntlich machen.

§ 7 LEISTUNGSPFLICHTEN

(1) Der Unternehmer ist verpflichtet, dem Verbraucher den Wohnraum in einem zum vertragsgemäßen Gebrauch geeigneten Zustand zu überlassen und während der vereinbarten Vertragsdauer in diesem Zustand zu erhalten sowie die vertraglich vereinbarten Pflege- oder Betreuungsleistungen nach dem allgemein anerkannten Stand fachlicher Erkenntnisse zu erbringen.

(2) Der Verbraucher hat das vereinbarte Entgelt zu zahlen, soweit dieses insgesamt und nach seinen Bestandteilen im Verhältnis zu den Leistungen angemessen ist. In Verträgen mit Verbrauchern, die Leistungen nach dem Elften Buch Sozialgesetzbuch in Anspruch nehmen, gilt die aufgrund der Bestimmungen des Siebten und Achten Kapitels des Elften Buches Sozialgesetzbuch festgelegte Höhe des Entgelts als vereinbart und angemessen. In Verträgen mit Verbrauchern, denen Hilfe in Einrichtungen nach dem Zwölften Buch Sozialgesetzbuch gewährt wird, gilt die aufgrund des Zehnten Kapitels des Zwölften Buches Sozialgesetzbuch festgelegte Höhe des Entgelts als vereinbart und angemessen.

(3) Der Unternehmer hat das Entgelt sowie die Entgeltbestandteile für die Verbraucher nach einheitlichen Grundsätzen zu bemessen. Eine Diffe-

renzierung ist zulässig, soweit eine öffentliche Förderung von betriebsnotwendigen Investitionsaufwendungen nur für einen Teil der Einrichtung
erfolgt ist. Sie ist auch insofern zulässig, als Vergütungsvereinbarungen
nach dem Zehnten Kapitel des Zwölften Buches Sozialgesetzbuch über
Investitionsbeträge oder gesondert berechenbare Investitionskosten getroffen worden sind.

(4) Werden Leistungen unmittelbar zu Lasten eines Sozialleistungsträgers erbracht, ist der Unternehmer verpflichtet, den Verbraucher unverzüglich schriftlich unter Mitteilung des Kostenanteils hierauf hinzuweisen.

(5) Soweit der Verbraucher länger als drei Tage abwesend ist, muss
sich der Unternehmer den Wert der dadurch ersparten Aufwendungen auf
seinen Entgeltanspruch anrechnen lassen. Im Vertrag kann eine Pauschalierung des Anrechnungsbetrags vereinbart werden. In Verträgen mit
Verbrauchern, die Leistungen nach dem Elften Buch Sozialgesetzbuch in
Anspruch nehmen, ergibt sich die Höhe des Anrechnungsbetrags aus den
in § 87a Absatz 1 Satz 7 des Elften Buches Sozialgesetzbuch genannten
Vereinbarungen.

§ 8 VERTRAGSANPASSUNG BEI ÄNDERUNG DES PFLEGE- ODER BETREUUNGSBEDARFS

(1) Ändert sich der Pflege- oder Betreuungsbedarf des Verbrauchers,
muss der Unternehmer eine entsprechende Anpassung der Leistungen anbieten. Der Verbraucher kann das Angebot auch teilweise annehmen. Die
Leistungspflicht des Unternehmers und das vom Verbraucher zu zahlende
angemessene Entgelt erhöhen oder verringern sich in dem Umfang, in dem
der Verbraucher das Angebot angenommen hat.

(2) In Verträgen mit Verbrauchern, die Leistungen nach dem Elften
Buch Sozialgesetzbuch in Anspruch nehmen oder denen Hilfe in Einrichtungen nach dem Zwölften Buch Sozialgesetzbuch gewährt wird, ist der
Unternehmer berechtigt, bei einer Änderung des Pflege- oder Betreuungsbedarfs des Verbrauchers den Vertrag nach Maßgabe des Absatzes 1 Satz
3 durch einseitige Erklärung anzupassen. Absatz 3 ist entsprechend anzuwenden.

(3) Der Unternehmer hat das Angebot zur Anpassung des Vertrags
dem Verbraucher durch Gegenüberstellung der bisherigen und der angebotenen Leistungen sowie der dafür jeweils zu entrichtenden Entgelte schriftlich darzustellen und zu begründen.

(4) Der Unternehmer kann die Pflicht, eine Anpassung anzubieten,
durch gesonderte Vereinbarung mit dem Verbraucher bei Vertragsschluss

ganz oder teilweise ausschließen. Der Ausschluss ist nur wirksam, soweit der Unternehmer unter Berücksichtigung des dem Vertrag zugrunde gelegten Leistungskonzepts daran ein berechtigtes Interesse hat und dieses in der Vereinbarung begründet. Die Belange behinderter Menschen sind besonders zu berücksichtigen. Die Vereinbarung bedarf zu ihrer Wirksamkeit der Schriftform; die elektronische Form ist ausgeschlossen.

§ 9 ENTGELTERHÖHUNG BEI ÄNDERUNG DER BERECHNUNGSGRUNDLAGE

(1) Der Unternehmer kann eine Erhöhung des Entgelts verlangen, wenn sich die bisherige Berechnungsgrundlage verändert. Neben dem erhöhten Entgelt muss auch die Erhöhung selbst angemessen sein. Satz 2 gilt nicht für die in § 7 Absatz 2 Satz 2 und 3 genannten Fälle. Entgelterhöhungen aufgrund von Investitionsaufwendungen sind nur zulässig, soweit sie nach der Art des Betriebs notwendig sind und nicht durch öffentliche Förderung gedeckt werden.

(2) Der Unternehmer hat dem Verbraucher die beabsichtigte Erhöhung des Entgelts schriftlich mitzuteilen und zu begründen. Aus der Mitteilung muss der Zeitpunkt hervorgehen, zu dem der Unternehmer die Erhöhung des Entgelts verlangt. In der Begründung muss er unter Angabe des Umlagemaßstabs die Positionen benennen, für die sich durch die veränderte Berechnungsgrundlage Kostensteigerungen ergeben, und die bisherigen Entgeltbestandteile den vorgesehenen neuen Entgeltbestandteilen gegenüberstellen. Der Verbraucher schuldet das erhöhte Entgelt frühestens vier Wochen nach Zugang des hinreichend begründeten Erhöhungsverlangens. Der Verbraucher muss rechtzeitig Gelegenheit erhalten, die Angaben des Unternehmers durch Einsichtnahme in die Kalkulationsunterlagen zu überprüfen.

§ 10 NICHTLEISTUNG ODER SCHLECHTLEISTUNG

(1) Erbringt der Unternehmer die vertraglichen Leistungen ganz oder teilweise nicht oder weisen sie nicht unerhebliche Mängel auf, kann der Verbraucher unbeschadet weitergehender zivilrechtlicher Ansprüche bis zu sechs Monate rückwirkend eine angemessene Kürzung des vereinbarten Entgelts verlangen.

(2) Zeigt sich während der Vertragsdauer ein Mangel des Wohnraums oder wird eine Maßnahme zum Schutz des Wohnraums gegen eine nicht

vorhergesehene Gefahr erforderlich, so hat der Verbraucher dies dem Unternehmer unverzüglich anzuzeigen.

(3) Soweit der Unternehmer infolge einer schuldhaften Unterlassung der Anzeige nach Absatz 2 nicht Abhilfe schaffen konnte, ist der Verbraucher nicht berechtigt, sein Kürzungsrecht nach Absatz 1 geltend zu machen.

(4) Absatz 1 ist nicht anzuwenden, soweit nach § 115 Absatz 3 des Elften Buches Sozialgesetzbuch wegen desselben Sachverhalts ein Kürzungsbetrag vereinbart oder festgesetzt worden ist.

(5) Bei Verbrauchern, denen Hilfe in Einrichtungen nach dem Zwölften Buch Sozialgesetzbuch gewährt wird, steht der Kürzungsbetrag nach Absatz 1 bis zur Höhe der erbrachten Leistungen vorrangig dem Träger der Sozialhilfe zu. Verbrauchern, die Leistungen nach dem Elften Buch Sozialgesetzbuch in Anspruch nehmen, steht der Kürzungsbetrag bis zur Höhe ihres Eigenanteils selbst zu; ein überschießender Betrag ist an die Pflegekasse auszuzahlen.

§ 11 KÜNDIGUNG DURCH DEN VERBRAUCHER

(1) Der Verbraucher kann den Vertrag spätestens am dritten Werktag eines Kalendermonats zum Ablauf desselben Monats schriftlich kündigen. Bei einer Erhöhung des Entgelts ist eine Kündigung jederzeit zu dem Zeitpunkt möglich, zu dem der Unternehmer die Erhöhung des Entgelts verlangt. In den Fällen des § 1 Absatz 2 Satz 1 Nummer 1 und 2 kann der Verbraucher nur alle Verträge einheitlich kündigen. Bei Verträgen im Sinne des § 1 Absatz 2 Satz 2 hat der Verbraucher die Kündigung dann gegenüber allen Unternehmern zu erklären.

(2) Innerhalb von zwei Wochen nach Beginn des Vertragsverhältnisses kann der Verbraucher jederzeit ohne Einhaltung einer Frist kündigen. Wird dem Verbraucher erst nach Beginn des Vertragsverhältnisses eine Ausfertigung des Vertrags ausgehändigt, kann der Verbraucher auch noch bis zum Ablauf von zwei Wochen nach der Aushändigung kündigen.

(3) Der Verbraucher kann den Vertrag aus wichtigem Grund jederzeit ohne Einhaltung einer Kündigungsfrist kündigen, wenn ihm die Fortsetzung des Vertrags bis zum Ablauf der Kündigungsfrist nicht zuzumuten ist.

(4) Die Absätze 2 und 3 sind in den Fällen des § 1 Absatz 2 auf jeden der Verträge gesondert anzuwenden. Kann der Verbraucher hiernach einen Vertrag kündigen, ist er auch zur Kündigung der anderen Verträge berechtigt. Er hat dann die Kündigung einheitlich für alle Verträge und zu dem-

selben Zeitpunkt zu erklären. Bei Verträgen im Sinne des § 1 Absatz 2 Satz 2 hat der Verbraucher die Kündigung gegenüber allen Unternehmern zu erklären.

(5) Kündigt der Unternehmer in den Fällen des § 1 Absatz 2 einen Vertrag, kann der Verbraucher zu demselben Zeitpunkt alle anderen Verträge kündigen. Die Kündigung muss unverzüglich nach Zugang der Kündigungserklärung des Unternehmers erfolgen. Absatz 4 Satz 3 und 4 ist entsprechend anzuwenden.

§ 12 KÜNDIGUNG DURCH DEN UNTERNEHMER

(1) Der Unternehmer kann den Vertrag nur aus wichtigem Grund kündigen. Die Kündigung bedarf der Schriftform und ist zu begründen. Ein wichtiger Grund liegt insbesondere vor, wenn

1. der Unternehmer den Betrieb einstellt, wesentlich einschränkt oder in seiner Art verändert und die Fortsetzung des Vertrags für den Unternehmer eine unzumutbare Härte bedeuten würde,

2. der Unternehmer eine fachgerechte Pflege- oder Betreuungsleistung nicht erbringen kann, weil
    a) der Verbraucher eine vom Unternehmer angebotene Anpassung der Leistungen nach § 8 Absatz 1 nicht annimmt oder
    b) der Unternehmer eine Anpassung der Leistungen aufgrund eines Ausschlusses nach § 8 Absatz 4 nicht anbietet
    und dem Unternehmer deshalb ein Festhalten an dem Vertrag nicht zumutbar ist,

3. der Verbraucher seine vertraglichen Pflichten schuldhaft so gröblich verletzt, dass dem Unternehmer die Fortsetzung des Vertrags nicht mehr zugemutet werden kann, oder

4. der Verbraucher
    a) für zwei aufeinander folgende Termine mit der Entrichtung des Entgelts oder eines Teils des Entgelts, der das Entgelt für einen Monat übersteigt, im Verzug ist, oder
    b) in einem Zeitraum, der sich über mehr als zwei Termine erstreckt, mit der Entrichtung des Entgelts in Höhe eines Betrags in Verzug gekommen ist, der das Entgelt für zwei Monate erreicht.

Eine Kündigung des Vertrags zum Zwecke der Erhöhung des Entgelts ist ausgeschlossen.

(2) Der Unternehmer kann aus dem Grund des Absatzes 1 Satz 3 Nummer 2 Buchstabe a nur kündigen, wenn er zuvor dem Verbraucher

gegenüber sein Angebot nach § 8 Absatz 1 Satz 1 unter Bestimmung einer angemessenen Annahmefrist und unter Hinweis auf die beabsichtigte Kündigung erneuert hat und der Kündigungsgrund durch eine Annahme des Verbrauchers im Sinne des § 8 Absatz 1 Satz 2 nicht entfallen ist.

(3) Der Unternehmer kann aus dem Grund des Absatzes 1 Satz 3 Nummer 4 nur kündigen, wenn er zuvor dem Verbraucher unter Hinweis auf die beabsichtigte Kündigung erfolglos eine angemessene Zahlungsfrist gesetzt hat. Ist der Verbraucher in den Fällen des Absatzes 1 Satz 3 Nummer 4 mit der Entrichtung des Entgelts für die Überlassung von Wohnraum in Rückstand geraten, ist die Kündigung ausgeschlossen, wenn der Unternehmer vorher befriedigt wird. Die Kündigung wird unwirksam, wenn der Unternehmer bis zum Ablauf von zwei Monaten nach Eintritt der Rechtshängigkeit des Räumungsanspruchs hinsichtlich des fälligen Entgelts befriedigt wird oder eine öffentliche Stelle sich zur Befriedigung verpflichtet.

(4) In den Fällen des Absatzes 1 Satz 3 Nummer 2 bis 4 kann der Unternehmer den Vertrag ohne Einhaltung einer Frist kündigen. Im Übrigen ist eine Kündigung bis zum dritten Werktag eines Kalendermonats zum Ablauf des nächsten Monats zulässig.

(5) Die Absätze 1 bis 4 sind in den Fällen des § 1 Absatz 2 auf jeden der Verträge gesondert anzuwenden. Der Unternehmer kann in den Fällen des § 1 Absatz 2 einen Vertrag auch dann kündigen, wenn ein anderer Vertrag gekündigt wird und ihm deshalb ein Festhalten an dem Vertrag unter Berücksichtigung der berechtigten Interessen des Verbrauchers nicht zumutbar ist. Er kann sein Kündigungsrecht nur unverzüglich nach Kenntnis von der Kündigung des anderen Vertrags ausüben. Dies gilt unabhängig davon, ob die Kündigung des anderen Vertrags durch ihn, einen anderen Unternehmer oder durch den Verbraucher erfolgt ist.

§ 13 NACHWEIS VON LEISTUNGSERSATZ UND ÜBERNAHME VON UMZUGSKOSTEN

(1) Hat der Verbraucher nach § 11 Absatz 3 Satz 1 aufgrund eines vom Unternehmer zu vertretenden Kündigungsgrundes gekündigt, ist der Unternehmer dem Verbraucher auf dessen Verlangen zum Nachweis eines angemessenen Leistungsersatzes zu zumutbaren Bedingungen und zur Übernahme der Umzugskosten in angemessenem Umfang verpflichtet. § 115 Absatz 4 des Elften Buches Sozialgesetzbuch bleibt unberührt.

(2) Hat der Unternehmer nach § 12 Absatz 1 Satz 1 aus den Gründen des § 12 Absatz 1 Satz 3 Nummer 1 oder nach § 12 Absatz 5 gekündigt, so

hat er dem Verbraucher auf dessen Verlangen einen angemessenen Leistungsersatz zu zumutbaren Bedingungen nachzuweisen. In den Fällen des § 12 Absatz 1 Satz 3 Nummer 1 hat der Unternehmer auch die Kosten des Umzugs in angemessenem Umfang zu tragen.

(3) Der Verbraucher kann den Nachweis eines angemessenen Leistungsersatzes zu zumutbaren Bedingungen nach Absatz 1 auch dann verlangen, wenn er noch nicht gekündigt hat.

(4) Wird in den Fällen des § 1 Absatz 2 ein Vertrag gekündigt, gelten die Absätze 1 bis 3 entsprechend. Der Unternehmer hat die Kosten des Umzugs in angemessenem Umfang nur zu tragen, wenn ein Vertrag über die Überlassung von Wohnraum gekündigt wird. Werden mehrere Verträge gekündigt, kann der Verbraucher den Nachweis eines angemessenen Leistungsersatzes zu zumutbaren Bedingungen und unter der Voraussetzung des Satzes 2 auch die Übernahme der Umzugskosten von jedem Unternehmer fordern, dessen Vertrag gekündigt ist. Die Unternehmer haften als Gesamtschuldner.

§ 14 SICHERHEITSLEISTUNGEN

(1) Der Unternehmer kann von dem Verbraucher Sicherheiten für die Erfüllung seiner Pflichten aus dem Vertrag verlangen, wenn dies im Vertrag vereinbart ist. Die Sicherheiten dürfen das Doppelte des auf einen Monat entfallenden Entgelts nicht übersteigen. Auf Verlangen des Verbrauchers können die Sicherheiten auch durch eine Garantie oder ein sonstiges Zahlungsversprechen eines im Geltungsbereich dieses Gesetzes zum Geschäftsbetrieb befugten Kreditinstituts oder Kreditversicherers oder einer öffentlich-rechtlichen Körperschaft geleistet werden.

(2) In den Fällen des § 1 Absatz 2 gilt Absatz 1 mit der Maßgabe, dass der Unternehmer von dem Verbraucher für die Erfüllung seiner Pflichten aus dem Vertrag nur Sicherheiten verlangen kann, soweit der Vertrag die Überlassung von Wohnraum betrifft.

(3) Ist als Sicherheit eine Geldsumme bereitzustellen, so kann diese in drei gleichen monatlichen Teilleistungen erbracht werden. Die erste Teilleistung ist zu Beginn des Vertragsverhältnisses fällig. Der Unternehmer hat die Geldsumme von seinem Vermögen getrennt für jeden Verbraucher einzeln bei einem Kreditinstitut zu dem für Spareinlagen mit dreimonatiger Kündigungsfrist marktüblichen Zinssatz anzulegen. Die Zinsen stehen, auch soweit ein höherer Zinssatz erzielt wird, dem Verbraucher zu und erhöhen die Sicherheit.

(4) Von Verbrauchern, die Leistungen nach den §§ 42 und 43 des Elften Buches Sozialgesetzbuch in Anspruch nehmen, oder Verbrauchern, denen Hilfe in Einrichtungen nach dem Zwölften Buch Sozialgesetzbuch gewährt wird, kann der Unternehmer keine Sicherheiten nach Absatz 1 verlangen. Von Verbrauchern, die Leistungen im Sinne des § 36 Absatz 1 Satz 1 des Elften Buches Sozialgesetzbuch in Anspruch nehmen, kann der Unternehmer nur für die Erfüllung der die Überlassung von Wohnraum betreffenden Pflichten aus dem Vertrag Sicherheiten verlangen.

§ 15 BESONDERE BESTIMMUNGEN BEI BEZUG VON SOZIALLEISTUNGEN

(1) In Verträgen mit Verbrauchern, die Leistungen nach dem Elften Buch Sozialgesetzbuch in Anspruch nehmen, müssen die Vereinbarungen den Regelungen des Siebten und Achten Kapitels des Elften Buches Sozialgesetzbuch sowie den aufgrund des Siebten und Achten Kapitels des Elften Buches Sozialgesetzbuch getroffenen Regelungen entsprechen. Vereinbarungen, die diesen Regelungen nicht entsprechen, sind unwirksam.

(2) In Verträgen mit Verbrauchern, die Leistungen nach dem Zwölften Buch Sozialgesetzbuch in Anspruch nehmen, müssen die Vereinbarungen den aufgrund des Zehnten Kapitels des Zwölften Buches Sozialgesetzbuch getroffenen Regelungen entsprechen. Absatz 1 Satz 2 ist entsprechend anzuwenden.

§ 16 UNWIRKSAMKEIT ABWEICHENDER VEREINBARUNGEN

Von den Vorschriften dieses Gesetzes zum Nachteil des Verbrauchers abweichende Vereinbarungen sind unwirksam.

§ 17 ÜBERGANGSVORSCHRIFT

(1) Auf Heimverträge im Sinne des § 5 Absatz 1 Satz 1 des Heimgesetzes, die vor dem 1. Oktober 2009 geschlossen worden sind, sind bis zum 30. April 2010 die §§ 5 bis 9 und 14 Absatz 2 Nummer 4, Absatz 4, 7 und 8 des Heimgesetzes in ihrer bis zum 30. September 2009 geltenden Fassung anzuwenden. Ab dem 1. Mai 2010 richten sich die Rechte und

Pflichten aus den in Satz 1 genannten Verträgen nach diesem Gesetz. Der Unternehmer hat den Verbraucher vor der erforderlichen schriftlichen Anpassung eines Vertrags in entsprechender Anwendung des § 3 zu informieren.

(2) Auf die bis zum 30. September 2009 geschlossenen Verträge, die keine Heimverträge im Sinne des § 5 Absatz 1 Satz 1 des Heimgesetzes sind, ist dieses Gesetz nicht anzuwenden.

III. GESETZESTEXT WBVG MIT BE-GRÜNDUNG

§ 1 ANWENDUNGSBEREICH [3]

§ 1 legt den Anwendungsbereich des Gesetzes fest.

(1) Dieses Gesetz ist anzuwenden auf einen Vertrag zwischen einem Unternehmer und einem volljährigen Verbraucher, in dem sich der Unternehmer zur Überlassung von Wohnraum und zur Erbringung von Pflege- oder Betreuungsleistungen verpflichtet, die der Bewältigung eines durch Alter, Pflegebedürftigkeit oder Behinderung bedingten Hilfebedarfs dienen. Unerheblich ist, ob die Pflege- oder Betreuungsleistungen nach den vertraglichen Vereinbarungen vom Unternehmer zur Verfügung gestellt oder vorgehalten werden. Das Gesetz ist nicht anzuwenden, wenn der Vertrag neben der Überlassung von Wohnraum ausschließlich die Erbringung von allgemeinen Unterstützungsleistungen wie die Vermittlung von Pflege- oder Betreuungsleistungen, Leistungen der hauswirtschaftlichen Versorgung oder Notrufdienste zum Gegenstand hat.

Nach **Satz 1** gilt das Gesetz für einen Vertrag zwischen einem Unternehmer und einem volljährigen Verbraucher, in dem sich der Unternehmer zur Überlassung von Wohnraum und zur Erbringung von Pflege- oder Betreuungsleistungen verpflichtet, die der Bewältigung eines durch Alter, Pflegebedürftigkeit oder Behinderung bedingten Hilfebedarfs dienen. Der Anwendungsbereich des Gesetzes beschränkt sich damit auf Verbraucher, die ältere Menschen, volljährige pflegebedürftige Menschen oder volljährige behinderte Menschen im Sinne des § 2 Absatz 1 SGB IX sind. Die Beschränkung auf volljährige Personen wurde deswegen fortgeführt, weil sich im Bereich der Kinder- und Jugendhilfe zahlreiche Sonderregelungen

---

[3] Die Begründung findet sich im Anschluss an die Absätze einer Vorschrift in blauer Farbe. Sie wurde dem Gesetzentwurf der Fraktionen der CDU/CSU und SPD (BT-Drucksache 16/12409) entnommen und wo erforderlich um Begründungen der Beschlussempfehlung des Ausschusses für Familie, Senioren, Frauen und Jugend (BT-Drucksache 16/13209) ergänzt.

und -konstellationen finden, die mit dem vorliegenden Gesetz nicht angetastet werden sollen.

Für die Anwendung des Gesetzes kommt es ausschließlich darauf an, ob Verträge über die beschriebenen Leistungen zwischen den genannten Vertragsparteien geschlossen werden. In Abkehr von § 1 Absatz 1 des Heimgesetzes wird der Anwendungsbereich somit losgelöst von verschiedenen Wohn- und Einrichtungsformen und allein nach dem Gegenstand der vertraglichen Vereinbarungen zwischen Unternehmer und Verbraucher bestimmt. Damit wird zum einen sichergestellt, dass das Gesetz unabhängig von den jeweiligen Definitionen der Wohn- und Einrichtungsformen der Landesgesetze gilt, zum anderen, dass die Länder in ihrer Kompetenz, die sich aus Artikel 74 Absatz 1 Nummer 7 in Verbindung mit Artikel 72 Absatz 1 GG ergibt, nicht beschränkt werden.

Der Anwendungsbereich wird nicht nur durch den Vertragsgegenstand begrenzt, sondern ferner durch die Verwendung der Begriffe Verbraucher und Unternehmer bestimmt. Mit den Begriffen Verbraucher und Unternehmer wird auf die entsprechenden Legaldefinitionen in den §§ 13 und 14 BGB Bezug genommen. Hierdurch erübrigt sich eine eigenständige Definition im Gesetz. Darüber hinaus werden die zivilrechtliche Ausprägung des Gesetzes und die Nähe zum Bürgerlichen Gesetzbuch auch auf diese Weise verdeutlicht. Schließlich ermöglichen die Begrifflichkeiten eine Auslegung im Lichte des Rechts der Europäischen Gemeinschaft und spiegeln den modernen Verbraucherschutzgedanken wider. Verbraucher im Sinne des § 13 BGB ist jede natürliche Person, die ein Rechtsgeschäft zu einem Zweck abschließt, der weder ihrer gewerblichen noch ihrer selbständigen beruflichen Tätigkeit zugerechnet werden kann. Auch die Gesellschaft bürgerlichen Rechts (GbR) kann Verbraucher sein, wenn sie zu den genannten Zwecken tätig wird. Diese Frage kann unter Umständen für Personen von Bedeutung sein, die sich in Wohngruppen zum Zwecke des gemeinschaftlichen Wohnens zusammenschließen. Als Unternehmer werden nach § 14 BGB natürliche oder juristische Personen oder rechtsfähige Personengesellschaften angesehen, die bei Abschluss eines Rechtsgeschäfts in Ausübung ihrer gewerblichen oder selbständigen beruflichen Tätigkeit handeln. Rechtsfähige Personengesellschaften sind dabei solche, die mit der Fähigkeit ausgestattet sind, Rechte zu erwerben und Verbindlichkeiten einzugehen. Für die Unternehmereigenschaft kommt es nicht auf die Gewinnerzielungsabsicht an, so dass auch gemeinnützige Organisationen oder Vereine Unternehmer sein können, wenn sie in Ausübung einer gewerblichen Tätigkeit handeln.

Neben der Überlassung von Wohnraum muss die Erbringung von Pflege- oder Betreuungsleistungen Gegenstand des Vertrags sein. Im Zusammenhang mit der Verwendung des Begriffs des Unternehmers wird sichergestellt, dass lediglich professionelle Anbieter dieser Leistungen vom Anwendungsbereich des Gesetzes erfasst werden. Die Pflege- oder Betreuungsleistungen müssen auf die Bewältigung eines durch Alter, Pflegebedürftigkeit oder Behinderung bedingten Hilfebedarfs gerichtet sein. Der Anwendungsbereich ist damit auf Dienstleistungen beschränkt, die in Anspruch genommen werden, um im Alter sowie bei Pflegebedürftigkeit oder Behinderung den Hilfebedarf bewältigen zu können. Nach Satz 3 werden zudem allgemeine Betreuungsleistungen ausdrücklich von dem Anwendung bereich des Gesetzes ausgenommen.

[Anm. d. Red.: Im Gesetzgebungsverfahren wurde der Begriff „allgemeine Betreuungsleistungen" durch den Begriff „allgemeine Unterstützungsleistungen" ersetzt. Begründung des federführenden Ausschusses: „Die Änderung dient der Klarstellung. Zwar sind die „allgemeinen Unterstützungsleistungen" nach der Gesetzessystematik Teil der in den Sätzen 1 und 2 erfassten „Pflege- oder Betreuungsleistungen". Sie haben jedoch für sich genommen als „Service-Leistungen" eine andere Qualität und sollen deshalb nicht in den Anwendungsbereich des Gesetzes fallen. Der aus § 1 Absatz 2 Satz 2 Heimgesetz übernommene Begriff der „allgemeinen Betreuungsleistungen" hat diesen Unterschied nicht hinreichend deutlich gemacht.".]

Gemäß **Satz 2** ist es für die Anwendbarkeit des Gesetzes unerheblich, ob die Pflege- oder Betreuungsleistungen nach den vertraglichen Vereinbarungen vom Unternehmer zur Verfügung gestellt oder vorgehalten werden. Es kommt folglich nicht darauf an, ob die Pflege- oder Betreuungsleistungen bereits mit Beginn des Vertragsverhältnisses oder erst zu einem späteren Zeitpunkt erbracht werden sollen. Damit wird dem Umstand Rechnung getragen, dass Verträge auch zu einem Zeitpunkt abgeschlossen werden können, in dem noch keine Pflege- oder Betreuungsleistungen benötigt werden. Auch in diesen Fällen bedarf es aber eines Verbraucherschutzes, da die Betroffenen in der Erwartung, zu einem späteren Zeitpunkt diese entgegennehmen zu können, Dispositionen und für sie weit reichende Entscheidungen treffen, wie beispielsweise ihre gewohnte Umgebung zu verlassen und in eine andere Wohnung umzuziehen.

Nach **Satz 3** findet das Gesetz keine Anwendung, wenn neben der Wohnraumüberlassung ausschließlich allgemeine Betreuungsleistungen vom Unternehmer erbracht werden sollen *[vgl. obige Anmerkung]*. Aufbauend auf den in § 1 Absatz 2 des Heimgesetzes verwendeten Begriff werden als allgemeine Betreuungsleistungen beispielhaft neben der Vermittlung von Pflege- oder Betreuungsleistungen die Leistungen der hauswirtschaftlichen Versorgung und Notrufdienste aufgezählt. Darüber hinaus kommen als allgemeine Betreuungsleistungen etwa hausmeisterliche Dienste, Fahr- und Begleitdienste, Besuchs- oder Sicherheitsdienste in Betracht. Die Anwendbarkeit des Gesetzes ist auch dann nicht begründet, wenn neben der Wohnraumüberlassung die Erbringung verschiedener allgemeiner Betreuungsleistungen vereinbart ist. Etwas anderes gilt dann, wenn nach den vertraglichen Vereinbarungen eine Pflege- oder Betreuungsleistung, die nicht lediglich eine allgemeine Betreuungsleistung darstellt, vom Unternehmer geschuldet wird. Ist dies der Fall, werden auch die daneben vereinbarten allgemeinen Betreuungsleistungen in den Anwendungsbereich des Gesetzes einbezogen. Mit dieser Regelungssystematik wird erreicht, dass Angebote des reinen „Service-Wohnens" von dem Anwendungsbereich des Gesetzes ausgenommen sind. Vollständig erfasst werden die bisherigen Heimverträge im Sinne des § 5 Absatz 1 des Heimgesetzes. Die Angebote des so genannten Betreuten Wohnens werden erfasst, wenn der Unternehmer mit der Überlassung des Wohnraums noch die Erbringung von Pflege- oder Betreuungsleistungen verbindet, die über den Bereich der allgemeinen Betreuungsleistungen hinausgehen.

Absatz 1 beschreibt zunächst den Regelfall des Anwendungsbereichs des Gesetzes und gilt für die Situation, dass die zwischen einem Verbraucher und einem Unternehmer vereinbarten Leistungen in einem Vertrag geregelt werden. Für andere Konstellationen gilt Absatz 2, wonach das Gesetz entsprechend anwendbar ist. Der besondere Schutzbedarf für den Verbraucher, der die Anwendbarkeit des Gesetzes begründet, wird stets durch die vertragliche Verbindung von der Überlassung von Wohnraum und der Erbringung von Pflege- oder Betreuungsleistungen ausgelöst. In diesen Fällen entsteht für den Verbraucher eine doppelte Abhängigkeit von einem Unternehmer. Der Schutzbedarf wird darüber hinaus noch dadurch verstärkt, dass es um hilfebedürftige Menschen geht, die oft kurzfristig weit reichende Entscheidungen über Veränderungen ihres Lebensmittelpunktes treffen müssen.

(2) Dieses Gesetz ist entsprechend anzuwenden, wenn die vom Unternehmer geschuldeten Leistungen Gegenstand verschiedener Verträge sind und

1. der Bestand des Vertrags über die Überlassung von Wohnraum von dem Bestand des Vertrags über die Erbringung von Pflege- oder Betreuungsleistungen abhängig ist,

2. der Verbraucher an dem Vertrag über die Überlassung von Wohnraum nach den vertraglichen Vereinbarungen nicht unabhängig von dem Vertrag über die Erbringung von Pflege- oder Betreuungsleistungen festhalten kann oder

3. der Unternehmer den Abschluss des Vertrags über die Überlassung von Wohnraum von dem Abschluss des Vertrags über die Erbringung von Pflege- oder Betreuungsleistungen tatsächlich abhängig macht.

Dies gilt auch, wenn in den Fällen des Satzes 1 die Leistungen von verschiedenen Unternehmern geschuldet werden, es sei denn, diese sind nicht rechtlich oder wirtschaftlich miteinander verbunden.

Absatz 2 ordnet die Anwendbarkeit des Gesetzes für Situationen an, die von dem in Absatz 1 angenommenen Regelfall, dass ein Verbraucher mit einem Unternehmer einen Vertrag abschließt, in dem sowohl die Überlassung von Wohnraum als auch die Erbringung von Pflege- oder Betreuungsleistungen vereinbart wird, abweichen.

Satz 1 regelt den Fall, dass die vom Unternehmer geschuldeten Leistungen Gegenstand verschiedener Verträge sind und der Vertrag über die Überlassung des Wohnraums auf bestimmte Weise mit dem Vertrag über die Erbringung von Pflege- oder Betreuungsleistungen verknüpft ist. Es kann sich hierbei um mehrere Verträge handeln, die dann in den Anwendungsbereich des Gesetzes fallen, wenn sie – wären sie in einem Vertrag geregelt worden – gemäß Absatz 1 vom Anwendungsbereich des Gesetzes erfasst würden. Der Unternehmer kann somit die Anwendbarkeit des Gesetzes nicht dadurch umgehen, dass er die Überlassung von Wohnraum und die Erbringung von Pflege- oder Betreuungsleistungen in verschiedenen Verträgen vereinbart.

Zusätzlich kommt es aber auf die Verbindung der Verträge über die Wohnraumüberlassung und über die Pflege- oder Betreuungsleistungen an. Die Aufzählung der drei Fallgruppen ist abschließend.

Gemäß Satz 1 **Nummer 1** ist das Gesetz entsprechend anzuwenden, wenn die Verträge dergestalt miteinander verknüpft sind, dass der Bestand des Vertrags über die Wohnraumüberlassung von dem Bestand des Vertrags über die Erbringung von Pflege- oder Betreuungsleistungen abhängig ist. Der Bestand des Vertrags über die Überlassung des Wohnraums ist von dem Bestand des Vertrags über die Erbringung von Pflege- oder Betreuungsleistungen abhängig, wenn der Verbraucher die Wohnraumüberlassung nicht ohne eine gleichzeitige Verpflichtung hinsichtlich der Pflege- oder Betreuungsleistungen in Anspruch nehmen kann. Darüber hinaus wird hiervon der Fall erfasst, dass das Wegfallen des Vertrags über die Erbringung von Pflege- oder Betreuungsleistungen nach den vertraglichen Vereinbarungen auch zu einer Auflösung des Vertrags über die Wohnraumüberlassung führen würde.

Satz 1 **Nummer 2** erfasst die Fälle, in denen der Verbraucher an dem Vertrag über die Wohnraumüberlassung nach den vertraglichen Vereinbarungen nicht unabhängig von dem Vertrag über die Erbringung von Pflege- oder Betreuungsleistungen festhalten kann. Über den Anwendungsbereich des Satzes 1 Nummer 1 hinaus gilt Satz 1 Nummer 2 für die Konstellation, dass der Verbraucher den Vertrag über die Erbringung von Pflege- oder Betreuungsleistungen nicht isoliert kündigen kann. Dies hat zur Folge, dass er den Vertrag über die Wohnraumüberlassung nicht ohne den Vertrag über die Erbringung von Pflege- oder Betreuungsleistungen aufrechterhalten kann. Der Unterschied zu den Fällen im Sinne des Satzes 1 Nummer 1 besteht darin, dass es hier nicht ausschließlich um die rechtliche Verknüpfung der Verträge, sondern um den Ausschluss eines Gestaltungsrechts des Verbrauchers geht.

Satz 1 **Nummer 3** regelt die entsprechende Anwendbarkeit des Gesetzes, wenn der Unternehmer den Vertragsschluss hinsichtlich der Überlassung des Wohnraums tatsächlich vom Abschluss eines Vertrags über die Erbringung von Pflege- oder Betreuungsleistungen abhängig macht. Anders als in den Fällen des Satzes 1 Nummer 1 und 2 kommt es hier nicht auf eine rechtliche Verbindung der Verträge, sondern auf eine tatsächliche Abhängigkeit bei Abschluss des Vertrags über die Wohnraumüberlassung an.

Nach **Satz 2** gilt das Gesetz auch dann, wenn die Überlassung von Wohnraum und die Erbringung von Pflege- und Betreuungsleistungen in verschiedenen Verträgen und zudem mit mehreren Unternehmern vereinbart werden. Voraussetzung ist allerdings, dass die Unternehmer rechtlich oder wirtschaftlich miteinander verbunden sind. Durch die Formulierung wird zugleich die Beweislastverteilung geregelt. Liegen die Voraussetzungen des Satzes 1 vor und werden die Leistungen von verschiedenen Unternehmern geschuldet, ist somit grundsätzlich von einer rechtlichen oder wirtschaftlichen Verbundenheit der Unternehmer auszugehen. Die gegenteilige Annahme muss der Unternehmer beweisen, wenn er diesen Einwand erhebt.

Von einer rechtlichen Verbindung ist dann auszugehen, wenn die Unternehmer ihrerseits durch Verträge verbunden sind und diese einen Bezug zum Anwendungsbereich des Gesetzes haben. Die Möglichkeiten für eine Vertragsbeziehung zwischen den Unternehmern sind vielfältig. So können sie beispielsweise Kooperationsvereinbarungen getroffen haben, wonach sie sich zur gemeinschaftlichen Erbringung der den Anwendungsbereich begründenden Leistungen verabreden. Darüber hinaus kann eine rechtliche Verbindung vorliegen, weil sich die Unternehmer in der Vereinbarung finanzielle Vorteile versprechen. Dies ist z. B. der Fall, wenn die Unternehmer untereinander Vereinbarungen über eine Gewinnbeteiligung getroffen haben oder wenn ein Unternehmer für die Vermittlung einer Leistung, die durch einen anderen Unternehmer erbracht wird, eine Vergütung oder Provision erhält.

Eine wirtschaftliche Verbindung der Unternehmer kann gegeben sein, wenn es sich zwar um rechtlich selbständige Unternehmer handelt, diese aber aufgrund ihrer gesellschaftsrechtlichen Verflechtung in unmittelbarer wirtschaftlicher Beziehung zueinander stehen, weil sie beispielsweise ein und derselben Gesellschaft oder demselben Konzern angehören. Bedeutung hat die wirtschaftliche Verbindung der Unternehmer daher vor allem dann, wenn die Unternehmer keine natürlichen Personen, sondern juristische Personen oder rechtsfähige Personengesellschaften sind.

§ 2 AUSNAHMEN VOM ANWENDUNGSBEREICH

Dieses Gesetz ist nicht anzuwenden auf Verträge über
1. Leistungen der Krankenhäuser, Vorsorge- oder Rehabilitationseinrichtungen im Sinne des § 107 des Fünften Buches Sozialgesetzbuch,
2. Leistungen der Internate der Berufsbildungs- und Berufsförderungswerke,
3. Leistungen im Sinne des § 41 des Achten Buches Sozialgesetzbuch,

4. Leistungen, die im Rahmen von Kur- oder Erholungsaufenthalten erbracht werden.

§ 2 regelt die Ausnahmen vom Anwendungsbereich des Gesetzes. Es werden enumerativ verschiedene Fälle benannt, in denen das Gesetz nicht anzuwenden ist. Die Aufzählung ist abschließend. Das Gesetz gilt nicht für Verträge über Leistungen der Krankenhäuser, Vorsorge- oder Rehabilitationseinrichtungen im Sinne des § 107 des Fünften Buches Sozialgesetzbuch (Nummer 1) sowie Leistungen der Internate der Berufsbildungs- und Berufsförderungswerke (Nummer 2). Diese Regelungen sind an § 1 Absatz 6 des Heimgesetzes angelehnt. Ferner findet das Gesetz gemäß Nummer 3 keine Anwendung auf Verträge über Leistungen im Sinne des § 41 des Achten Buches Sozialgesetzbuch. Hierbei handelt es sich um Hilfen für junge Volljährige. Da das Gesetz mit der Beschränkung auf volljährige Verbraucher die besonderen Konstellationen der Kinder- und Jugendhilfe unberührt lassen will, die Leistungen im Sinne des § 41 des Achten Buches Sozialgesetzbuch jedoch auch Volljährigen zugute kommen können, bedarf es einer gesonderten Regelung, die genau diesen Fall erfasst. Nach Nummer 4 gilt das Gesetz auch nicht für Verträge über Leistungen, die im Rahmen von Kur- oder Erholungsaufenthalten erbracht werden. Damit sollen alle Leistungen, die etwa im Zusammenhang von Ferienaufenthalten erbracht werden, vom Anwendungsbereich des Gesetzes ausgenommen sein.

§ 3 INFORMATIONSPFLICHTEN VOR VERTRAGS-SCHLUSS

§ 3 legt dem Unternehmer vorvertragliche Informationspflichten auf. Hierdurch wird der Gedanke der Transparenz als Voraussetzung selbstbestimmter Entscheidungen des Verbrauchers gestärkt. Der Verbraucher soll schon vor Abschluss des Vertrags das allgemeine Leistungsangebot des Unternehmers und die für den Verbraucher in Betracht kommenden Leistungen kennen. Das ermöglicht es ihm, die Angebote verschiedener Unternehmer oder auch für unterschiedliche Wohn- und Betreuungsformen desselben Unternehmers im Vorfeld zu vergleichen. Nur durch eine umfassende Information kann der Verbraucher seine Möglichkeiten einschätzen und die für ihn beste Entscheidung treffen. Mit dieser Regelung wird § 5 Absatz 2 des Heimgesetzes weiterentwickelt.

(1) Der Unternehmer hat den Verbraucher rechtzeitig vor Abgabe von dessen Vertragserklärung in Textform und in leicht verständlicher Sprache über sein allgemeines Leistungsangebot und über den wesentlichen Inhalt seiner für den Verbraucher in Betracht kommenden Leistungen zu informieren.

Gemäß Absatz 1 muss die Information durch den Unternehmer in Textform (§ 126b BGB) und in leicht verständlicher Sprache erfolgen. Der Umfang der Informationspflicht erstreckt sich sowohl auf das allgemeine Leistungsangebot des Unternehmers, für die Absatz 2 besondere Vorgaben macht, als auch auf die für den Verbraucher in Betracht kommenden Leistungen, für die Absatz 3 gilt. Die Information durch den Unternehmer hat rechtzeitig vor Abgabe der Vertragserklärung des Verbrauchers zu erfolgen, wobei die Umstände des Einzelfalls zu berücksichtigen sind. Für den Fall, dass der Unternehmer seine vorvertragliche Informationspflicht nicht erfüllt und diese aus besonderen Gründen sowie unter Berücksichtigung der Interessen des Verbrauchers unterblieben ist, gewährt ihm Absatz 4 in Verbindung mit § 6 Absatz 2 Satz 2 und 3 eine Nachholmöglichkeit.

(2) Zur Information des Unternehmers über sein allgemeines Leistungsangebot gehört die Darstellung
1. der Ausstattung und Lage des Gebäudes, in dem sich der Wohnraum befindet, sowie der dem gemeinschaftlichen Gebrauch dienenden Anlagen und Einrichtungen, zu denen der Verbraucher Zugang hat, und gegebenenfalls ihrer Nutzungsbedingungen,
2. der darin enthaltenen Leistungen nach Art, Inhalt und Umfang,
3. der Ergebnisse der Qualitätsprüfungen, soweit sie nach § 115 Absatz 1a Satz 1 des Elften Buches Sozialgesetzbuch oder nach landesrechtlichen Vorschriften zu veröffentlichen sind.

Absatz 2 legt fest, welche Informationspflichten der Unternehmer in Bezug auf sein allgemeines Leistungsangebot erfüllen muss. Die Darstellung des allgemeinen Leistungsangebots soll dazu dienen, dem Verbraucher ein Bild von dem Unternehmer und seinen Leistungen im Anwendungsbereich des Gesetzes zu vermitteln. Da es um eine allgemeine Darstellung des Betriebs des Unternehmers und seiner Leistungspalette geht, kann er die allgemeine Informationspflicht auch durch die Aushändigung einer Broschüre oder eines Prospekts erfüllen, wenn diese den Anforderungen des Absatzes 2 genügen.

Gemäß **Nummer 1** muss der Unternehmer zunächst eine allgemeine Beschreibung der Ausstattung und der Lage des Gebäudes, in dem sich der Wohnraum befindet, sowie der Flächen und Einrichtungen, die der gemeinschaftlichen Nutzung dienen, vornehmen. Falls die Einrichtungen des Unternehmers besonderen Nutzungsbedingungen unterliegen, sind auch diese darzustellen. Nach **Nummer 2** hat der Unternehmer die in seinem allgemeinen Leistungsangebot enthaltenen Leistungen nach Art, Inhalt und Umfang darzustellen. Zu den Informationen über das allgemeine Leistungsangebot des Unternehmers gehören gemäß **Nummer 3** auch die Ergebnisse der Qualitätsprüfungen, soweit sie nach § 115 Absatz 1a Satz 1 SGB XI oder nach landesrechtlichen Vorschriften zu veröffentlichen sind. Der Unternehmer muss somit nicht das vollständige Ergebnis der Qualitätsprüfungen darlegen, sondern ist nur verpflichtet, den Verbraucher in der Form zu informieren, in der er die Ergebnisse der Qualitätsprüfungen auch veröffentlichen muss. Hierbei handelt es sich üblicherweise um eine gekürzte Fassung in einfacher und verständlicher Sprache. Die Veröffentlichungspflicht der Qualitätsprüfungen und Prüfberichte der Behörden nach Landesrecht dient ebenfalls der Stärkung der Transparenz und der Vergleichbarkeit von Pflegeeinrichtungen. Mit der Pflicht des Unternehmers, auf diese Veröffentlichung hinzuweisen, soll dieses Instrument zusätzlich gestärkt werden.

(3) Zur Information über die für den Verbraucher in Betracht kommenden Leistungen gehört die Darstellung
1. des Wohnraums, der Pflege- oder Betreuungsleistungen, gegebenenfalls der Verpflegung als Teil der Betreuungsleistungen sowie der einzelnen weiteren Leistungen nach Art, Inhalt und Umfang,
2. des den Pflege- oder Betreuungsleistungen zugrunde liegenden Leistungskonzepts,
3. der für die in Nummer 1 benannten Leistungen jeweils zu zahlenden Entgelte, der nach § 82 Absatz 3 und 4 des Elften Buches Sozialgesetzbuch gesondert berechenbaren Investitionskosten sowie des Gesamtentgelts,
4. der Voraussetzungen für mögliche Leistungs- und Entgeltveränderungen,
5. des Umfangs und der Folgen eines Ausschlusses der Angebotspflicht nach § 8 Absatz 4, wenn ein solcher Ausschluss vereinbart werden soll.
Die Darstellung nach Satz 1 Nummer 5 muss in hervorgehobener Form erfolgen.

Absatz 3 präzisiert die Informationspflicht des Unternehmers hinsichtlich der für den Verbraucher in Betracht kommenden Leistungen. Hierbei muss es sich nicht um ein verbindliches Vertragsangebot des Unternehmers handeln. Vielmehr geht es um eine konkrete Darstellung der Leistungen, die aus Sicht des Unternehmers aus einer möglicherweise Vielzahl von verschiedenen Leistungen für den Verbraucher in Frage kommen bzw. vom Verbraucher gewünscht werden. Darüber hinaus dient die Beschreibung der für den Verbraucher in Betracht kommenden Leistungen auch der Vergleichbarkeit hinsichtlich der Preise und Vertragsbedingungen mit den Angeboten anderer Anbieter. In Bezug auf den letztgenannten Aspekt erfüllt die Informationspflicht zudem eine Warnfunktion. Der Unternehmer muss auf alle Vertragsklauseln hinweisen, die von den gesetzlichen Regelungen – soweit ihm das nach diesem Gesetz gestattet ist – abweichen. Der Verbraucher soll daher bereits vor Abgabe seiner Vertragserklärung auf für ihn nachteilige Regelungen hingewiesen und so vor einer übereilten Entscheidung geschützt werden.

Zu den relevanten Informationen gehört gemäß **Satz 1 Nummer 1** zunächst eine Beschreibung des Wohnraums und der Pflege- oder Betreuungsleistungen. Kommt für den Verbraucher darüber hinaus Verpflegung als Teil der Betreuungsleistungen in Betracht, ist darüber ebenso zu informieren wie über einzelne weitere Leistungen. Die Darstellung der verschiedenen Leistungen hat jeweils nach Art, Inhalt und Umfang zu erfolgen. Hinsichtlich des Wohnraums bedeutet dies beispielsweise, dass neben der Größe des Wohnraums auch die Ausstattung und gegebenenfalls die Anzahl der Räume anzugeben sind.

Nach Satz 1 **Nummer 2** muss der Unternehmer das den Pflege- oder Betreuungsleistungen zugrunde liegende Leistungskonzept darstellen. Mit dem Leistungskonzept beschreibt der Unternehmer, in welchem Rahmen und mit welcher Zielsetzung er grundsätzlich leistet. Bei Pflegeeinrichtungen nach § 71 SGB XI ergibt sich das Leistungskonzept aus den Versorgungsverträgen gemäß § 72 SGB XI. In dem Bereich, der nicht vom Elften Buch Sozialgesetzbuch erfasst wird, kann der Unternehmer das Leistungskonzept grundsätzlich selbst bestimmen. Das Leistungskonzept kann an eine besondere Wohnform geknüpft sein. Der Unternehmer kann beispielsweise seine Leistungen auf Wohngruppen für Menschen mit ähnlichen Krankheitsbildern, etwa für Demenzkranke, oder Menschen mit bestimmten Behinderungen ausrichten, solange eine solche Ausrichtung nicht gegen allgemeine Grundsätze verstößt. Das Leistungskonzept ergibt sich aber möglicherweise auch aus den Umständen, unter denen der Unternehmer leisten kann. Relevant werden könnten hier die baulichen Gegebenheiten des überlassenen Wohnraums oder des Wohngebäudes sowie die spezifische Qualifikation seines Personals. Das Leistungskonzept kann vom Unternehmer für seine Einrichtung oder einen Teil seiner Einrichtung festgelegt werden. Durch die Beschreibung des Konzepts im Vorfeld und die Einbeziehung in den Vertrag über § 6 Absatz 3 Nummer 3 wird das Leistungskonzept zu einer besonderen Form der Geschäftsgrundlage. Mit der Information über das Leistungskonzept des Unternehmers soll der Verbraucher in die Lage versetzt werden, das für ihn beste Konzept auszusuchen und danach die Einrichtung auszuwählen. Bedeutung hat der Hinweis auf das Leistungskonzept auch für die Möglichkeit des Unternehmers, unter bestimmten Umständen seine ihn gemäß § 8 Absatz 1 treffende Pflicht, eine Anpassung anzubieten, auszuschließen (vgl. die Ausführungen zu § 8 Absatz 4).

Gemäß Satz 1 **Nummer 3** hat der Unternehmer die für die nach Nummer 1 dargestellten Leistungen zu zahlenden Entgelte und gegebenenfalls die gesondert berechenbaren Investitionskosten einzeln sowie das Gesamtentgelt darzustellen.

Nach Satz 1 **Nummer 4** hat der Unternehmer die Voraussetzungen für mögliche Leistungs- und Entgeltveränderungen darzustellen. Der Unternehmer muss auf seine grundsätzliche Angebotspflicht nach § 8 Absatz 1 und die damit einhergehende Erhöhung des Entgelts für den Verbraucher sowie auf eine mögliche Entgelterhöhung bei Änderung der Berechnungsgrundlage hinweisen. Hierzu gehört bei Verbrauchern, die Leistungsempfänger der Pflegeversicherung sind oder denen Hilfe in Einrichtungen nach dem Zwölften Buch Sozialgesetzbuch gewährt wird, auch die Erwähnung der Möglichkeit der einseitigen Vertragsanpassung gemäß § 8 Absatz 2.

Die Informationspflicht nach Satz 1 **Nummer 5** bezieht sich auf den Ausschluss der Angebotspflicht gemäß § 8 Absatz 4, die einer gesonderten Vereinbarung bedarf. Wegen der schwerwiegenden Bedeutung des Ausschlusses der Angebotspflicht für den Verbraucher soll dieser genau über den Umfang des Ausschlusses und dessen Folgen aufgeklärt werden. Die Aufklärung und Warnung des Verbrauchers werden noch dadurch verstärkt, dass diese Information gemäß Satz 2 an hervorgehobener Stelle im Text erfolgen muss.

(4) Erfüllt der Unternehmer seine Informationspflichten nach den Absätzen 1 bis 3 nicht, ist § 6 Absatz 2 Satz 2 und 3 entsprechend anzuwenden. Weitergehende zivilrechtliche Ansprüche des Verbrauchers bleiben unberührt.

Nach Absatz 4 gilt für den Fall, dass der Unternehmer seine Informationspflichten nicht erfüllt, § 6 Absatz 2 Satz 2 und 3 entsprechend. Das bedeutet zunächst, dass an die Nichterfüllung der Informationspflichten die Rechtsfolge der jederzeitigen fristlosen Kündigungsmöglichkeit für den Verbraucher geknüpft ist (§ 6 Absatz 2 Satz 2 in Verbindung mit § 4 Absatz 4). Allerdings kann der Unternehmer unter bestimmten Voraussetzungen die Rechtsfolge abwenden, wenn er die Informationen zu einem späteren Zeitpunkt nachholt (vgl. die Ausführungen zu § 6 Absatz 2 Satz 2 und 3). Die vorvertragliche Informationspflicht wird dann zu einer allgemeinen Informationspflicht des Unternehmers. Auch wenn in der Zwischenzeit ein wirksamer Vertrag geschlossen wurde, soll der Verbraucher noch in einfacher und verständlicher Sprache informiert werden. Ergeben sich für ihn aufgrund der Aufklärung durch den Unternehmer nachträglich Bedenken hinsichtlich des geschlossenen Vertrags, kann er innerhalb von zwei Wochen nach Beginn des Vertragsverhältnisses ohne Einhaltung einer Frist kündigen. Dies ergibt sich aus § 11 Absatz 2. Der Verbraucher ist somit auch in den Fällen der Nachholung der Information durch den Unternehmer hinreichend geschützt.

[Anm. d. Red.: Im Gesetzgebungsverfahren wurde § 3 Abs. 4 Satz 2 hinzugefügt. Zur Begründung führt der federführende Ausschuss aus: „Die Änderung dient der Klarstellung, dass durch das Sonderkündigungsrecht des Verbrauchers keine weitergehenden Schadensersatzansprüche oder sonstigen zivilrechtlichen Ansprüche ausgeschlossen werden."]

(5) Die sich aus anderen Gesetzen ergebenden Informationspflichten bleiben unberührt.

Mit der Regelung des Absatzes 5 soll sichergestellt werden, dass mögliche weitere Informationspflichten, die sich aus anderen Rechtsgrundlagen ergeben, neben diesem Gesetz Anwendung finden. Auf diese Weise wird dem Verbraucherschutzgedanken umfassend Rechnung getragen.

§ 4 VERTRAGSSCHLUSS UND VERTRAGSDAUER

§ 4 regelt neben dem Vertragsschluss und der Vertragsdauer auch die Rechtsfolgen der Geschäftsunfähigkeit des Verbrauchers sowie die Fortgeltung des Vertrags bei Tod des Verbrauchers.

(1) Der Vertrag wird auf unbestimmte Zeit geschlossen. Die Vereinbarung einer Befristung ist zulässig, wenn die Befristung den Interessen des Verbrauchers nicht widerspricht. Ist die vereinbarte Befristung nach Satz 2 unzulässig, gilt der Vertrag für unbestimmte Zeit, sofern nicht der Verbraucher seinen entgegenstehenden Willen innerhalb von zwei Wochen nach Ende der vereinbarten Vertragsdauer dem Unternehmer erklärt.

Nach Absatz 1 wird der Vertrag grundsätzlich auf unbestimmte Zeit geschlossen. Diese Regelung ist an § 8 Absatz 1 des Heimgesetzes angelehnt. Eine Befristung wird nur bis zu einer Gesamtdauer von drei Monaten zugelassen, wenn dies den Interessen des Verbrauchers nicht widerspricht. *[Anm. d. Red.: Im Gesetzgebungsverfahren wurde die zeitliche Begrenzung der Befristungsmöglichkeit gestrichen.]* Damit sollen Verträge über Kurzzeitpflege, die grundsätzlich in den Anwendungsbereich des Gesetzes fallen, ermöglicht werden. Zugleich soll verhindert werden, dass die in Satz 1 formulierte Grundregel umgangen wird, indem der Unternehmer wiederholt den Vertrag befristet und dadurch einen Vertragsabschluss auf unbestimmte Zeit vereitelt.

Liegen die Voraussetzungen für eine wirksame Befristung nicht vor, gilt der Vertrag gemäß **Satz 3** für unbestimmte Zeit, sofern nicht der Verbraucher seinen entgegenstehenden Willen innerhalb von zwei Wochen nach Ablauf der vereinbarten Vertragslaufzeit gegenüber dem Unternehmer erklärt. Hierdurch wird dem Umstand Rechnung getragen, dass der Verbraucher in der Regel davon ausgehen wird, dass er einen befristeten Vertrag abschließt und somit nur in begrenztem Umfang Verpflichtungen eingeht. Dem Verbraucherschutz wird nun dadurch Genüge getan, dass der Vertrag zunächst für unbestimmte Zeit gilt. Die Entscheidung, ob er sich wirklich dauerhaft vertraglich binden möchte, bleibt aber ihm überlassen. Es soll ihm kein dauerhaftes Vertragsverhältnis aufgedrängt werden, das er in dieser Form gar nicht eingehen wollte.

(2) War der Verbraucher bei Abschluss des Vertrags geschäftsunfähig, so hängt die Wirksamkeit des Vertrags von der Genehmigung eines Bevollmächtigten oder Betreuers ab. § 108 Absatz 2 des Bürgerlichen Ge-

setzbuchs ist entsprechend anzuwenden. In Ansehung einer bereits bewirkten Leistung und deren Gegenleistung gilt der Vertrag als wirksam geschlossen. Solange der Vertrag nicht wirksam geschlossen worden ist, kann der Unternehmer das Vertragsverhältnis nur aus wichtigem Grund für gelöst erklären; die §§ 12 und 13 Absatz 2 und 4 sind entsprechend anzuwenden.

Absatz 2 regelt die Folgen der Geschäftsunfähigkeit des Verbrauchers bei Abschluss des Vertrags sowohl für die Zukunft als auch für die Vergangenheit und modifiziert damit die Vorschrift des § 105 Absatz 1 BGB, nach der Willenserklärungen eines Geschäftsunfähigen grundsätzlich nichtig sind. Hiermit wird der Regelungszweck des bisherigen § 5 Absatz 12 und des bisherigen § 8 Absatz 10 des Heimgesetzes aufgegriffen. Die Wirksamkeit des Vertrags hängt von der Genehmigung eines Bevollmächtigten oder Betreuers ab. Bis zur Erklärung der Genehmigung ist der von dem Geschäftsunfähigen abgeschlossene Vertrag schwebend unwirksam. Für das Verfahren der Erklärung der Genehmigung gilt die Vorschrift des § 108 Absatz 2 BGB entsprechend. Anders als im BGB kann nur der Verbraucher, der durch einen Bevollmächtigten oder einen Betreuer vertreten wird, über die Wirksamkeit des Vertrags für die Zukunft entscheiden. Er kann entweder das Vertragsverhältnis jederzeit lösen oder den Vertrag dauerhaft wirksam werden lassen. Der Unternehmer kann nur insoweit in das Geschehen eingreifen, als dass er den Bevollmächtigten oder den Betreuer des Verbrauchers zur Erklärung über die Genehmigung auffordern kann. Ein eigenes Gestaltungs- oder Widerrufsrecht wie im BGB steht ihm hingegen nicht zu. Die Regelung sichert dem Geschäftsunfähigen somit einen ausreichenden Schutz vor den Folgen der Unwirksamkeit des Vertrags für die Zukunft.

In Ansehung bereits bewirkter Leistung und Gegenleistung gilt der Vertrag als wirksam. Damit wird die sich aus § 105 Absatz 1 BGB ergebende Nichtigkeitsfolge für Verträge auf eine Wirkung ex nunc beschränkt. Die Rückabwicklung von erbrachter Leistung und Gegenleistung ist ausgeschlossen. Dadurch wird dem gegenseitig entgegengebrachten Vertrauen Rechnung getragen und zum Rechtsfrieden beigetragen. Die von **Satz 3** angeordnete Fiktion der Wirksamkeit des Vertrags gilt allerdings nur für den Fall der Geschäftsunfähigkeit des Verbrauchers. Ist der Vertrag aus anderen Gründen (teilweise) unwirksam, findet Satz 3 hingegen keine Anwendung. Das bedeutet gleichzeitig, dass auch die Rückabwicklung des Vertrags in diesen Fällen nicht ausgeschlossen ist. So können

nicht angemessene, bereits gezahlte Entgelte auch dann zurück-
verlangt werden, wenn die Wirksamkeit des Vertrags im Übrigen
nach Satz 3 fingiert wird. Das Gleiche gilt, wenn im Fall der
Schlechtleistung durch den Unternehmer das Entgelt nicht entsprechend gekürzt wurde.

Nach **Satz 4** kann der Unternehmer in dem Zeitraum, in dem der
Vertrag schwebend unwirksam ist, das Vertragsverhältnis nur aus
wichtigem Grund für gelöst erklären. Die Vorschriften über die Kündigungsrechte für den Unternehmer gelten entsprechend. Mit dieser
Regelung soll dem Umstand Rechnung getragen werden, dass nur
bestehende Vertragsverhältnisse gekündigt werden können.

(3) Mit dem Tod des Verbrauchers endet das Vertragsverhältnis zwischen ihm und dem Unternehmer. Die vertraglichen Bestimmungen hinsichtlich der Behandlung des in den Räumen oder in Verwahrung des Unternehmers befindlichen Nachlasses des Verbrauchers bleiben wirksam.
Eine Fortgeltung des Vertrags kann für die Überlassung des Wohnraums
gegen Fortzahlung der darauf entfallenden Entgeltbestandteile vereinbart
werden, soweit ein Zeitraum von zwei Wochen nach dem Sterbetag des
Verbrauchers nicht überschritten wird. In diesen Fällen ermäßigt sich das
geschuldete Entgelt um den Wert der ersparten Aufwendungen des Unternehmers.

Absatz 3 entspricht weitgehend der Vorschrift des § 8 Absatz 8 des
Heimgesetzes. Nach **Satz 1** endet das Vertragsverhältnis zwischen
dem Verbraucher und dem Unternehmer grundsätzlich mit dem Tod
des Verbrauchers. Eine gesetzliche Ausnahme sieht **Satz 2** lediglich für die vertraglichen Vereinbarungen über die Behandlung des
in den Räumen oder in Verwahrung des Unternehmers befindlichen
Nachlasses des Verbrauchers vor. Entsprechende Bestimmungen
im Vertrag bleiben über den Tod des Verbrauchers hinaus wirksam.
Daneben ist eine Vereinbarung über die Fortgeltung des Vertrags
über den Tod hinaus in engen Grenzen zulässig. So kann eine
Fortgeltung des Vertrags für die Überlassung des Wohnraums gegen Fortzahlung der darauf entfallenden Entgeltbestandteile vereinbart werden, soweit ein Zeitraum zwei Wochen nach dem Sterbetag des Verbrauchers nicht überschritten wird. Nach dem Tod
des Verbrauchers ist der überlassene Wohnraum in der Regel nicht
sofort wieder belegbar (Abwicklung von Formalitäten, Benachrichti-
gung der Angehörigen, Räumung des Zimmers und Renovierung).
Deshalb ist es sachgerecht, für einen Zeitraum von zwei Wochen
nach dem Sterbetag eine Fortgeltung des Vertrags in den genann-

ten Grenzen zuzulassen. Diese Regelung dient darüber hinaus den Interessen des Verbrauchers. Er kann bereits zu Lebzeiten vereinbaren, dass der überlassene Wohnraum nicht unmittelbar nach seinem Tod geräumt wird, um hierdurch einen würdevollen Abschied durch seine Angehörigen zu ermöglichen. Ist der Verbraucher Leistungsempfänger der Pflegeversicherung und lebt er in einem Pflegeheim im Sinne des § 71 Absatz 2 SGB XI, kann eine Fortgeltung des Vertrags über den Tod hinaus nicht vereinbart werden. § 16 Absatz 1 dieses Gesetzes in Verbindung mit § 87a Absatz 1 Satz 2 SGB XI steht insofern entgegen. Nach **Satz 3** muss sich der Unternehmer ersparte Aufwendungen auf das geschuldete Entgelt anrechnen lassen.

§ 5 WECHSEL DER VERTRAGSPARTEIEN

§ 5 enthält Regelungen für den Fall, dass die Vertragsparteien wechseln. Während Absatz 1 für einen Wechsel der Vertragspartei auf Verbraucherseite gilt, erfasst Absatz 2 einen Sonderfall für Veränderungen auf der Seite des Unternehmers.

(1) Mit Personen, die mit dem Verbraucher einen auf Dauer angelegten gemeinsamen Haushalt führen und nicht Vertragspartner des Unternehmers hinsichtlich der Überlassung des Wohnraums sind, wird das Vertragsverhältnis beim Tod des Verbrauchers hinsichtlich der Überlassung des Wohnraums gegen Zahlung der darauf entfallenden Entgeltbestandteile bis zum Ablauf des dritten Kalendermonats nach dem Sterbetag des Verbrauchers fortgesetzt. Erklären Personen, mit denen das Vertragsverhältnis fortgesetzt wurde, innerhalb von vier Wochen nach dem Sterbetag des Verbrauchers dem Unternehmer, dass sie das Vertragsverhältnis nicht fortsetzen wollen, gilt die Fortsetzung des Vertragsverhältnisses als nicht erfolgt. Ist das Vertragsverhältnis mit mehreren Personen fortgesetzt worden, so kann jeder die Erklärung für sich abgeben.

Absatz 1 enthält eine Regelung für den Fall, dass der Verbraucher stirbt und das Vertragsverhältnis mit einer anderen Person fortgesetzt wird. Anders als in § 4 Absatz 3 geht es nicht um eine Fortgeltung des Vertragsverhältnisses des Verbrauchers, der verstorben ist, und dem Unternehmer, die von vornherein im Vertrag festgelegt ist, sondern um eine Fortsetzung des Vertragsverhältnisses mit anderen Personen.

Absatz 1 regelt die Fortsetzung eines Teils des Vertragsverhältnisses mit Personen, die mit dem verstorbenen Verbraucher einen auf Dauer angelegten gemeinsamen Haushalt geführt haben, die bislang jedoch nicht Vertragspartner des Unternehmers im Hinblick auf die Wohnraumüberlassung waren. Anders als in § 563 BGB, an den die Regelung angelehnt ist, werden hiervon alle Personen erfasst, die mit dem verstorbenen Verbraucher dauerhaft in dem gemeinsamen Haushalt gelebt haben. Es kann sich hierbei neben Ehegatten, Lebenspartnern oder Kindern auch um sonstige Mitbewohner des verstorbenen Verbrauchers handeln.

Die Fortsetzung des Vertragsverhältnisses wird auf den Bestandteil der Wohnraumüberlassung beschränkt. Um die Personen, die mit dem verstorbenen Verbraucher einen gemeinsamen Haushalt geführt haben, davor zu schützen, unmittelbar nach dem Tod des Verbrauchers als alleinigen Vertragspartner den gemeinsam genutzten Wohnraum verlassen zu müssen, wird das Vertragsverhältnis hinsichtlich der Wohnraumüberlassung gegen Zahlung der darauf entfallenden Entgeltbestandteile für mindestens drei Monate fortgesetzt. Der von **Satz 1** festgelegte Zeitraum soll diesen Personen die Möglichkeit geben, einen neuen Wohnraum zu finden. Die Fortsetzung des Vertragsverhältnisses kann jedoch nicht gegen den Willen dieser Personen erfolgen. Daher gibt **Satz 2** ihnen die Möglichkeit, der Fortsetzung des Vertragsverhältnisses innerhalb von vier Wochen nach dem Sterbetag des Verbrauchers zu widersprechen. Geben die Personen eine solche Erklärung ab, gilt die Fortsetzung des Vertragsverhältnisses als von Anfang an nicht erfolgt. Gemäß **Satz 3** kann jede Person, die von der Fortsetzung des Vertragsverhältnisses betroffen ist, diese Erklärung für sich selbst abgeben. Das bedeutet, dass das Vertragsverhältnis unter Umständen nicht mit allen Personen, die mit dem verstorbenen Verbraucher einen gemeinsamen Haushalt geführt haben, fortgesetzt wird.

(2) Wird der überlassene Wohnraum nach Beginn des Vertragsverhältnisses von dem Unternehmer an einen Dritten veräußert, gelten für die Rechte und Pflichten des Erwerbers hinsichtlich der Überlassung des Wohnraums die §§ 566 bis 567b des Bürgerlichen Gesetzbuchs entsprechend.

Absatz 2 gilt für den Fall, dass der Unternehmer den von ihm überlassenen Wohnraum an einen Dritten veräußert. Es geht somit um die Übertragung des Wohnungseigentums. Der Erwerber soll in die

Rechte und Pflichten, die sich aus dem Vertrag zwischen Unternehmer und Verbraucher im Hinblick auf die Wohnraumüberlassung ergeben, eintreten. Damit ist gewährleistet, dass der Verbraucher durch Verkauf des Wohneigentums nicht schutzlos gestellt ist. Die Rechte und Pflichten des Erwerbers richten sich nach den §§ 566 bis 567b BGB, die hier entsprechende Anwendung finden. Der Erwerber tritt gegenüber dem Verbraucher damit an die Stelle des Unternehmers.

§ 6 SCHRIFTFORM UND VERTRAGSINHALT

In § 6 werden die Schriftform des Vertrags und die Rechtsfolgen für deren Nichteinhaltung sowie die Anforderungen an den Vertragsinhalt geregelt.

(1) Der Vertrag ist schriftlich abzuschließen. Der Abschluss des Vertrags in elektronischer Form ist ausgeschlossen. Der Unternehmer hat dem Verbraucher eine Ausfertigung des Vertrags auszuhändigen.

Nach **Satz 1** ist der Vertrag schriftlich abzuschließen. Hiermit ist Schriftform im Sinne des § 126 BGB gemeint. Die Ersetzung durch die elektronische Form wird nach **Satz 2** ausgeschlossen. Das Formerfordernis des § 6 Absatz 1 Satz 1 dient neben der Dokumentation der Vertragserklärungen und damit der Ermöglichung einer dauerhaften Überprüfung des Vertragstextes (Perpetuierungsfunktion) ganz überwiegend dem Zweck, den Verbraucher vor einer übereilten Erklärung zu schützen (Warnfunktion). Auch die elektronische Form trägt zwar der Warnfunktion zum großen Teil Rechnung. Sie wird der hier zu schützenden Personengruppe jedoch noch nicht gerecht. Vielen älteren Menschen oder Menschen mit Behinderung ist der Umgang mit der elektronischen Form im Rechtsverkehr nicht vertraut, sodass der Warnfunktion nicht hinreichend Rechnung getragen werden könnte. Damit der Verbraucher von dem Vertrag als Schriftstück Kenntnis nehmen kann, muss der Unternehmer ihm nach **Satz 3** eine Ausfertigung aushändigen. Insofern wird die Perpetuierungsfunktion der Schriftform durch die Pflicht des Unternehmers zur tatsächlichen Aushändigung des Schriftstücks ergänzt.

(2) Wird der Vertrag nicht in schriftlicher Form geschlossen, sind zu Lasten des Verbrauchers von den gesetzlichen Regelungen abweichende

Vereinbarungen unwirksam, auch wenn sie durch andere Vorschriften dieses Gesetzes zugelassen werden; im Übrigen bleibt der Vertrag wirksam. Der Verbraucher kann den Vertrag jederzeit ohne Einhaltung einer Frist kündigen. Ist der schriftliche Vertragsschluss im Interesse des Verbrauchers unterblieben, insbesondere weil zum Zeitpunkt des Vertragsschlusses beim Verbraucher Gründe vorlagen, die ihn an der schriftlichen Abgabe seiner Vertragserklärung hinderten, muss der schriftliche Vertragsschluss unverzüglich nachgeholt werden.

Absatz 2 regelt abweichend von § 125 BGB die Rechtsfolgen für den Fall, dass der Vertrag entgegen der Anordnung nach Absatz 1 Satz 1 nicht in schriftlicher Form geschlossen wird. Die Nichteinhaltung der Form hat zunächst zur Folge, dass zu Lasten des Verbrauchers von den gesetzlichen Regelungen abweichende Vereinbarungen unwirksam sind, auch wenn dieses Gesetz sie durch andere Vorschriften zuließe.

Da § 16 bereits allgemein die Unwirksamkeit für zum Nachteil des Verbrauchers abweichende Vorschriften anordnet, hat **Satz 1** nur dann einen eigenen Regelungsgehalt, wenn sich die Rechtsfolge der Unwirksamkeit auf diejenigen Vereinbarungen zu Lasten des Verbrauchers bezieht, die das Gesetz ausnahmsweise zulässt. Im Übrigen bleibt der Vertrag jedoch wirksam. Die Rechtsfolge der Nichtigkeit, die nach § 125 BGB bei Formmangel vorgesehen ist, würde dem Verbraucherschutz nicht hinreichend Rechnung tragen. Ein Verbraucher dürfte auch ohne schriftlichen Vertrag grundsätzlich ein Interesse daran haben, in dem ihm überlassenen Wohnraum zu verbleiben. Auf ähnliche Art und Weise wird die Schriftformproblematik bei Wohnraummietverhältnissen im sozialen Mietrecht behandelt.

Als weitere Folge des Formmangels räumt Satz 2 dem Verbraucher das Recht ein, den Vertrag jederzeit ohne Einhaltung einer Frist zu kündigen. Dieses außerordentliche Kündigungsrecht gilt grundsätzlich für die gesamte Dauer des Vertragsverhältnisses.

Die in den **Sätzen 1 und 2** genannten Rechtsfolgen können allerdings vermieden werden, wenn der schriftliche Vertragsschluss wirksam nachgeholt wird. Das setzt voraus, dass die Einhaltung der Schriftform aus besonderen Gründen sowie unter Berücksichtigung der Interessen des Verbrauchers unterblieben ist. Mit dieser Regelung wird berücksichtigt, dass der Einzug in eine Pflegeeinrichtung unvorhergesehen und unter hohem Zeitdruck erfolgen kann. In diesen Fällen kommt es häufig nicht sofort zum Abschluss eines schriftlichen Vertrags. Eine schnelle Aufnahme des Verbrauchers durch die Pflegeeinrichtung ohne Verzögerungen aufgrund der Notwendigkeit, zuvor bestimmte Formalitäten zu erledigen, kann gerade im Interesse des Verbrauchers liegen. Dasselbe gilt für den Fall, dass sein Bevollmächtigter oder Betreuer zum Zeitpunkt des Einzugs nicht anwesend war und aus diesem Grund ein wirksamer schriftlicher Vertragsschluss erst später möglich ist. Des Weiteren muss die Nachholung des schriftlichen Vertragsschlusses unverzüglich nach Wegfall dieser besonderen Gründe erfolgen. Unter den Voraussetzungen des § 11 Absatz 2 kann der Lauf der Frist auch zu einem späteren Zeitpunkt beginnen. Mit der Anordnung der Rechtsfolgen der Sätze 1 und 2 soll der Unternehmer angehalten werden, den Vertrag schriftlich abzuschließen oder einen schriftlichen Vertragsschluss zumindest schnellstmöglich nachzuholen. Der Unternehmer hat es in der Hand, durch den schriftlichen Abschluss des Vertrags bzw. dessen rechtzeitige Nachholung die für ihn nachteiligen Rechtsfolgen abzuwenden. § 6 Absatz 2 Satz 2 und 3 gilt entsprechend auch für den Fall, dass der Unternehmer seine vorvertraglichen Informationspflichten nach § 3 nicht erfüllt hat. Das ergibt sich aus § 3 Absatz 4.

[Anm. d. Red.: Im Gesetzgebungsverfahren wurde § 6 Absatz 2 Satz 3 in der Weise geändert, dass der Vertragsschluss nachgeholt werden muss. Zur Begründung führt der federführende Ausschuss aus: „Satz 3 sieht nun unter bestimmten Voraussetzungen eine Pflicht zur unverzüglichen Nachholung des schriftlichen Vertragsschlusses vor. Sowohl der Unternehmer als auch der Verbraucher haben damit einen Anspruch auf Nachholung des schriftlichen Vertragsschlusses, wenn dieser zunächst im Interesse des Verbrauchers unterblieben ist. Durch diese Änderung wird sichergestellt, dass der Verbraucher aus der Nichteinhaltung der Schriftform keine Vorteile herleiten kann, indem er die Nachholung des schriftlichen Vertragsschlusses verweigert. § 11 Absatz 2 Satz 2, wonach der Verbraucher bis zum Ablauf von zwei Wochen nach Aushändigung einer Ausfertigung des schriftlichen Vertrages ohne Einhaltung einer Frist kündigen kann, gilt auch für den Fall der Nachholung des schriftlichen Vertragsschlusses."]

(3) Der Vertrag muss mindestens

1. die Leistungen des Unternehmers nach Art, Inhalt und Umfang einzeln beschreiben,
2. die für diese Leistungen jeweils zu zahlenden Entgelte, getrennt nach Überlassung des Wohnraums, Pflege- oder Betreuungsleistungen, ge-

gebenenfalls Verpflegung als Teil der Betreuungsleistungen sowie den einzelnen weiteren Leistungen, die nach § 82 Absatz 3 und 4 des Elften Buches Sozialgesetzbuch gesondert berechenbaren Investitionskosten und das Gesamtentgelt angeben,

3. die Informationen des Unternehmers nach § 3 als Vertragsgrundlage benennen und mögliche Abweichungen von den vorvertraglichen Informationen gesondert kenntlich machen.

Absatz 3 regelt die wesentlichen Inhalte des Vertrags, die mindestens im Vertragstext enthalten sein müssen. Nach den **Nummern 1 und 2** müssen im Vertrag sowohl die einzelnen Leistungen nach Art, Inhalt und Umfang als auch die für die Leistungen zu zahlenden Entgelte sowie gegebenenfalls die gesondert berechenbaren Investitionskosten beschrieben werden. Die Entgelte müssen getrennt nach den Bestandteilen „Überlassung des Wohnraums" und „Pflege- oder Betreuungsleistungen" ausgewiesen werden. Werden daneben die Verpflegung als Teil der Betreuungsleistungen oder einzelne weitere Leistungen vereinbart, sind diese ebenfalls getrennt aufzuführen. Neben den einzelnen Entgelten ist auch das Gesamtentgelt anzugeben.

Gemäß **Nummer 3** muss der Vertrag die vorvertraglichen Informationen im Sinne des § 3 als Vertragsgrundlage benennen. Die Informationen werden hierdurch zur Geschäftsgrundlage. Darüber hinaus müssen Abweichungen der Vertragsbedingungen von den vorvertraglichen Informationen gesondert kenntlich gemacht werden. Sinn der vorvertraglichen Informationspflicht des Unternehmers ist es, den Verbraucher schon im Vorfeld des Vertragsschlusses über den wesentlichen Vertragsinhalt in Kenntnis zu setzen und ihn so vor übereilten Entscheidungen zu schützen (vgl. die Ausführungen zu § 3). Diese Warnfunktion greift nicht, wenn der Vertragstext von den vorvertraglichen Informationen abweicht. In diesem Fall muss der Verbraucher daher im Vertragstext ausdrücklich auf die Änderungen hingewiesen werden. Nur so kann sichergestellt werden, dass im Hinblick auf die für den Verbraucher neuen Vertragsinhalte die Warnfunktion erfüllt wird und er hinreichend geschützt ist.

§ 7 LEISTUNGSPFLICHTEN

§ 7 regelt die Vertragspflichten von Unternehmer und Verbraucher.

(1) Der Unternehmer ist verpflichtet, dem Verbraucher den Wohnraum in einem zum vertragsgemäßen Gebrauch geeigneten Zustand zu überlassen und während der vereinbarten Vertragsdauer in diesem Zustand zu erhalten sowie die vertraglich vereinbarten Pflege- oder Betreuungsleistungen nach dem allgemein anerkannten Stand fachlicher Erkenntnisse zu erbringen.

Nach Absatz 1 muss der Unternehmer dem Verbraucher den Wohnraum in einem zum vertragsgemäßen Gebrauch geeigneten Zustand überlassen und während der vereinbarten Vertragsdauer in diesem Zustand erhalten sowie Pflege- oder Betreuungsleistungen nach dem allgemein anerkannten Stand fachlicher Erkenntnisse erbringen. Durch diese Regelung soll sichergestellt werden, dass die Pflege- oder Betreuungsleistungen sach- und fachkundig durchgeführt werden. Dies setzt voraus, dass die Dienstleistungen von Personen erbracht werden, die über die dafür erforderlichen Qualifikationen verfügen. Für den Bereich der Pflege bedeutet dies insbesondere die Berücksichtigung der allgemein anerkannten pflegewissenschaftlichen Erkenntnisse. Für die Leistungen im Sinne von § 11 Absatz 1 SGB XI gilt es darüber hinaus, den allgemein anerkannten Stand medizinisch-pflegerischer Erkenntnisse zu wahren und die Expertenstandards gemäß § 113a SGB XI zu berücksichtigen. Diese Regelung entspricht im Wesentlichen § 3 Absatz 1 des Heimgesetzes.

(2) Der Verbraucher hat das vereinbarte Entgelt zu zahlen, soweit dieses insgesamt und nach seinen Bestandteilen im Verhältnis zu den Leistungen angemessen ist. In Verträgen mit Verbrauchern, die Leistungen nach dem Elften Buch Sozialgesetzbuch in Anspruch nehmen, gilt die aufgrund der Bestimmungen des Siebten und Achten Kapitels des Elften Buches Sozialgesetzbuch festgelegte Höhe des Entgelts als vereinbart und angemessen. In Verträgen mit Verbrauchern, denen Hilfe in Einrichtungen nach dem Zwölften Buch Sozialgesetzbuch gewährt wird, gilt die aufgrund des Zehnten Kapitels des Zwölften Buches Sozialgesetzbuch festgelegte Höhe des Entgelts als vereinbart und angemessen.

Nach **Satz 1** ist der Verbraucher verpflichtet, dem Unternehmer das vereinbarte Entgelt zu zahlen. Diese Verpflichtung besteht aber nur, soweit das Entgelt insgesamt und nach seinen Bestandteilen im Verhältnis zu den Leistungen angemessen ist. Das Entgelt darf daher in keinem Missverhältnis zu den Leistungen des Unternehmers stehen. Die Beschränkung der Vertragsfreiheit zu Lasten des Unternehmers ist an dieser Stelle gerechtfertigt, weil der einzelne

Verbraucher in der Regel keinen Einfluss auf die Entgeltgestaltung hat. Umgekehrt wird auch der Unternehmer nicht unangemessen belastet, da die Formulierung in der Praxis noch eine Flexibilität in der Preisgestaltung und somit auch die Erwirtschaftung von Gewinnen ermöglicht. Die Vorschrift ist an § 5 Absatz 7 Satz 1 des Heimgesetzes angelehnt.

Die **Sätze 2 und 3** enthalten Sonderregelungen für Verbraucher, die Leistungsempfänger der Pflegeversicherung sind oder denen Hilfe in Einrichtungen nach dem Zwölften Buch Sozialgesetzbuch gewährt wird. Sie dienen der Harmonisierung zu den Vorschriften des SGB XI und des SGB XII. Nach Satz 2 gilt die Höhe des Entgelts, die aufgrund der Bestimmungen des Siebten und Achten Kapitels des Elften Buches Sozialgesetzbuch festgelegt wurde, zwischen Verbraucher und Unternehmer als vereinbart und angemessen. Die Höhe des Entgelts steht damit nicht zur Disposition der Vertragsparteien. Zudem ist die Entgelthöhe stets als angemessen anzusehen. Entsprechendes gilt gemäß Satz 3 für Verbraucher, die Hilfe in Einrichtungen nach dem Zwölften Buch Sozialgesetzbuch erhalten. Hier ist die aufgrund des Zehnten Kapitels des Zwölften Buches Sozialgesetzbuch festgelegte Höhe des Entgelts maßgeblich.

(3) Der Unternehmer hat das Entgelt sowie die Entgeltbestandteile für die Verbraucher nach einheitlichen Grundsätzen zu bemessen. Eine Differenzierung ist zulässig, soweit eine öffentliche Förderung von betriebsnotwendigen Investitionsaufwendungen nur für einen Teil der Einrichtung erfolgt ist. Sie ist auch insofern zulässig, als Vergütungsvereinbarungen nach dem Zehnten Kapitel des Zwölften Buches Sozialgesetzbuch über Investitionsbeträge oder gesondert berechenbare Investitionskosten getroffen worden sind.

Nach Absatz 3 muss der Unternehmer das Entgelt sowie die Entgeltbestandteile für die Verbraucher nach einheitlichen Grundsätzen bemessen. Abzustellen ist auf den Kreis der Verbraucher, die in einer Wohnform mit gleichem Leistungskonzept leben. Auch eine Differenzierung nach Kostenträgern ist nach **Satz 1** unzulässig. Die Entgelthöhe selbst wird durch Absatz 3 nicht geregelt. Eine unzulässige Differenzierung führt jedoch beispielsweise dazu, dass ein Erhöhungsverlangen nach § 9 Absatz 1 Satz 1 vom Unternehmer auf dieser Grundlage nicht begründet werden kann. Die **Sätze 2 und 3** enthalten Ausnahmen vom Differenzierungsverbot, die im Wesentlichen § 5 Absatz 7 Satz 3 und 5 des Heimgesetzes entsprechen. Wenn aufgrund der Landesförderung Investitionskosten nur für einen Teil der Einrichtung gezahlt werden, kann ausnahmsweise für den Teil der Einrichtung, der keine Landesförderung erhielt, ein dadurch bedingtes höheres Entgelt verlangt werden. Weiterhin ist eine Differenzierung zulässig, wenn über Investitionsbeträge oder gesondert berechnete Investitionskosten Vereinbarungen nach § 75 Absatz 5 SGB XII getroffen worden sind.

(4) Werden Leistungen unmittelbar zu Lasten eines Sozialleistungsträgers erbracht, ist der Unternehmer verpflichtet, den Verbraucher unverzüglich schriftlich unter Mitteilung des Kostenanteils hierauf hinzuweisen.

Absatz 4 entspricht inhaltlich § 5 Absatz 9 des Heimgesetzes. In allen Fällen, in denen Leistungen z. B. als Sachleistungen unmittelbar zu Lasten eines Sozialleistungsträgers erbracht werden, richtet sich der Anspruch des Unternehmers auf Zahlung des Entgelts nicht gegen den Verbraucher, sondern unmittelbar gegen den Sozialleistungsträger. Der Verbraucher, der insoweit nicht in Vorleistung treten muss, ist hierauf unverzüglich unter Mitteilung des Kostenanteils schriftlich hinzuweisen. Dadurch erfährt der Verbraucher, wie der Ausgleich des insgesamt zu zahlenden Entgelts erfolgt.

(5) Soweit der Verbraucher länger als drei Tage abwesend ist, muss sich der Unternehmer den Wert der dadurch ersparten Aufwendungen auf seinen Entgeltanspruch anrechnen lassen. Im Vertrag kann eine Pauschalierung des Anrechnungsbetrags vereinbart werden. In Verträgen mit Verbrauchern, die Leistungen nach dem Elften Buch Sozialgesetz- buch in Anspruch nehmen, ergibt sich die Höhe des Anrechnungsbetrags aus den in § 87a Absatz 1 Satz 7 des Elften Buches Sozialgesetzbuch genannten Vereinbarungen.

Absatz 5 regelt die Erstattung ersparter Aufwendungen für Zeiten der Abwesenheit des Verbrauchers. Nach **Satz 1** muss sich der Unternehmer den Wert der ersparten Aufwendungen auf seinen Entgeltanspruch anrechnen lassen, wenn der Verbraucher länger als drei Tage abwesend ist. Die ersparten Aufwendungen müssen nicht unbedingt einzeln berechnet und dargelegt werden. Vielmehr lässt **Satz 2** auch eine Vereinbarung zu, wonach der Unternehmer ersparte Aufwendungen durch eine Pauschalierung des Anrechnungsbetrags erstatten kann. Das Gesetz macht keine expliziten Vorgaben hinsichtlich des Umfangs und der Höhe eines solchen Pauschalbetrags. Nach dem Sinn und Zweck der Vorschrift muss es sich hierbei um einen Betrag handeln, der einen Annäherungswert zu den tatsächlich ersparten Aufwendungen darstellt. Hierfür reicht es aus, dass auf die durchschnittlich ersparten Aufwendungen für einen der Abwesenheit des Verbrauchers entsprechenden Zeitraum abgestellt wird.

Nach **Satz 3** ergibt sich für Verbraucher, die Leistungsempfänger der Pflegeversicherung sind, die Höhe des Anrechnungsbetrags aus den in § 87a Absatz 1 Satz 7 SGB XI genannten Vereinbarungen. Hiermit wird auf die Rahmenverträge nach § 75 SGB XI Bezug genommen, die entsprechende Regelungen vorsehen sollen. Satz 3 gilt nur für Verbraucher, die in einem Pflegeheim im Sinne des § 71 Absatz 2 SGB XI leben. Nur auf diese Personen ist § 87a Absatz 1 Satz 7 SGB XI anwendbar.

§ 8 VERTRAGSANPASSUNG BEI ÄNDERUNG DES PFLEGE- ODER BETREUUNGSBEDARFS

§ 8 regelt den Fall, dass sich der Pflege- oder Betreuungsbedarf des Verbrauchers verändert. Der Unternehmer muss hiernach grundsätzlich eine entsprechende Anpassung der Leistungen anbieten. Die Pflicht, eine Anpassung anzubieten, kann aber unter den engen Voraussetzungen des Absatzes 4 bei Vertragsschluss ausgeschlossen werden. Sinn und Zweck dieser Regelung ist es, die Gestaltungsfreiheit des Unternehmers zu erweitern und damit gleichzeitig die Wahlmöglichkeiten des Verbrauchers zu verbessern.

(1) Ändert sich der Pflege- oder Betreuungsbedarf des Verbrauchers, muss der Unternehmer eine entsprechende Anpassung der Leistungen anbieten. Der Verbraucher kann das Angebot auch teilweise annehmen. Die Leistungspflicht des Unternehmers und das vom Verbraucher zu zahlende angemessene Entgelt erhöhen oder verringern sich in dem Umfang, in dem der Verbraucher das Angebot angenommen hat.

Nach Absatz 1 muss der Unternehmer im Fall einer Änderung des Pflege- oder Betreuungsbedarfs eine entsprechende Anpassung der Leistungen anbieten. Die Vorschrift erfasst sowohl die Erhöhung als auch die Verringerung des Pflege- oder Betreuungsbedarfs. Das Angebot des Unternehmers muss sich grundsätzlich auf die vollständige Anpassung an den geänderten Pflege- oder Betreuungsbedarf beziehen. Der Verbraucher ist allerdings nicht verpflichtet, dieses Angebot in vollem Umfang anzunehmen. Er kann das Angebot des Unternehmers vielmehr ganz, teilweise oder gar nicht annehmen. In dem Maße, in dem der Verbraucher das Angebot des Unternehmers annimmt, erfolgt die Vertragsanpassung. In diesem Umfang erhöhen oder verringern sich dann die Leistungspflicht des Unternehmers sowie das vom Verbraucher zu zahlende angemessene Entgelt. Für Verbraucher, die Leistungsempfänger der Pflegeversicherung sind, ist hinsichtlich des aufgrund der Leistungsanpassung zu zahlenden Entgelts wiederum § 7 Absatz 2 Satz 2 einschlägig.

Durch die Regelungskonstruktion des Absatzes 1 wird verhindert, dass dem Verbraucher nachträglich eine Leistung durch den Unternehmer aufgedrängt wird, die er so bei Abschluss des Vertrags gar nicht vereinbart hätte. Dies gilt umso mehr, als der Verbraucher durch die Vertragsanpassung auch zugleich zur Zahlung des den Leistungen entsprechenden angemessenen Entgelts verpflichtet ist. Die Vorschrift ist ferner im Zusammenhang mit § 12 Absatz 1 Satz 3 Nummer 2 Buchstabe a zu sehen. Wenn die Annahme des Verbrauchers hinter dem Angebot des Unternehmers zurückbleibt, er daher keine fachgerechte Pflege- oder Betreuungsleistung erbringen kann und dem Unternehmer deshalb ein Festhalten an dem Vertrag nicht zumutbar ist, hat der Unternehmer unter den zusätzlichen Voraussetzungen des § 12 Absatz 2 ein Kündigungsrecht.

(2) In Verträgen mit Verbrauchern, die Leistungen nach dem Elften Buch Sozialgesetzbuch in Anspruch nehmen oder denen Hilfe in Einrichtungen nach dem Zwölften Buch Sozialgesetzbuch gewährt wird, ist der Unternehmer berechtigt, bei einer Änderung des Pflege- oder Betreuungsbedarfs des Verbrauchers den Vertrag nach Maßgabe des Absatzes 1 Satz 3 durch einseitige Erklärung anzupassen. Absatz 3 ist entsprechend anzuwenden.

Absatz 2 gilt für Verträge mit Verbrauchern, die Leistungen nach dem Elften Buch Sozialgesetzbuch oder dem Zwölften Buch Sozialgesetzbuch in Anspruch nehmen. Dem Unternehmer wird in Satz 1 die Möglichkeit eingeräumt, in Verträgen mit diesen Verbrauchern bei einer Änderung des Pflege- oder Betreuungsbedarfs den Vertrag durch einseitige Erklärung anzupassen. Die Vorschrift trägt dem Umstand Rechnung, dass für diese Verbraucher bezüglich der Anpassung der Leistungen bereits besondere Regelungen aufgrund der Vereinbarungen zwischen dem Unternehmer und dem jeweiligen Kostenträger nach dem Elften Buch Sozialgesetzbuch oder dem Zwölften Buch Sozialgesetzbuch bestehen. **Satz 1** ist an die Regelung des § 6 Absatz 1 Satz 3 des Heimgesetzes angelehnt. Anders als in der bisherigen Vorschrift des Heimgesetzes bezieht sich hier die Möglichkeit der Anpassung durch einseitige Erklärung allerdings nicht nur auf das Entgelt, sondern auf den gesamten Vertrag. Dies ist die konsequente Folge der Systematik des Absatzes 1, wonach auch die Anpassung der vertraglich geschuldeten Leistungen des Unternehmers grundsätzlich von einer entsprechenden Willenserklärung des Verbrauchers abhängig ist. Nach **Satz 2** gelten die formellen Anforderungen des Absatzes 3 entsprechend.

(3) Der Unternehmer hat das Angebot zur Anpassung des Vertrags dem Verbraucher durch Gegenüberstellung der bisherigen und der angebotenen Leistungen sowie der dafür jeweils zu entrichtenden Entgelte schriftlich darzustellen und zu begründen.

In Absatz 3 ist die Form geregelt, in der das Angebot zur Vertragsanpassung erfolgen muss. Der Unternehmer muss die bisherigen und die angebotenen Leistungen sowie die jeweils zu entrichtenden Entgelte in schriftlicher Form einander gegenüberstellen und die Anpassung seiner Leistungen begründen. Der Verbraucher soll erkennen können, inwieweit der Unternehmer eine Anpassung der Leistungen zu welchen Konditionen anbietet.

(4) Der Unternehmer kann die Pflicht, eine Anpassung anzubieten, durch gesonderte Vereinbarung mit dem Verbraucher bei Vertragsschluss ganz oder teilweise ausschließen. Der Ausschluss ist nur wirksam, soweit der Unternehmer unter Berücksichtigung des dem Vertrag zugrunde gelegten Leistungskonzepts daran ein berechtigtes Interesse hat und dieses in der Vereinbarung begründet. Die Belange behinderter Menschen sind besonders zu berücksichtigen. Die Vereinbarung bedarf zu ihrer Wirksamkeit der Schriftform; die elektronische Form ist ausgeschlossen.

Absatz 4 ermöglicht es dem Unternehmer, die Verträge entsprechend seinem Leistungsangebot und seinem diesem zugrunde liegenden Leistungskonzept zu gestalten. Die Regelung ist in Zusammenschau mit den Vorschriften über die Kündigung durch den Unternehmer nach § 12 Absatz 1 Satz 3 Nummer 2 Buchstabe b zu lesen. Sie erlaubt es dem Unternehmer, die sich aus Absatz 1 Satz 1 ergebende Pflicht, eine Anpassung anzubieten, ganz oder teilweise auszuschließen.

Da sich das Leistungskonzept bei Unternehmern, die eine Pflege-einrichtung im Sinne des § 71 SGB XI betreiben, aus dem Versor-gungsvertrag nach § 72 SGB XI ergibt, besteht die Möglichkeit zum Ausschluss der Angebotspflicht nur, soweit der Versorgungsvertrag dies zulässt. Eine entgegenstehende Vereinbarung zwischen Un-ternehmer und Verbraucher wäre gemäß § 15 Absatz 1 unwirksam. Der Ausschluss dieser Pflicht ist allerdings nur bei Vertragsschluss möglich; eine nachträgliche Vereinbarung ist unwirksam. Abzustel-len ist hier auf den erstmaligen Vertragsschluss und nicht auf einen zu einem späteren Zeitpunkt erfolgenden Abschluss eines Ände-rungsvertrags. Denn nur so kann der Verbraucher vor Einzug so umfassend informiert werden, dass er eine für ihn adäquate Ein-richtung gezielt aussuchen kann. Das ist wiederum nur möglich, wenn er die Folgen des in der Einrichtung verfolgten Leistungskon-zepts und der sich für ihn hieraus ergebenden Bedingungen bereits bei Vertragsschluss abschätzen kann. Die Regelung dient damit auch der Schaffung von Transparenz. Die Vereinbarung über den Ausschluss der Pflicht, eine Anpassung anzubieten, muss darüber hinaus schriftlich erfolgen, wobei die elektronische Form wiederum ausgeschlossen ist. Bei Nichteinhaltung der Form gilt die Rechts-folge des § 125 BGB.

Im Übrigen ist der Ausschluss nur wirksam, soweit der Unterneh-mer daran unter Berücksichtigung des dem Vertrag zugrunde ge-legten Leistungskonzepts ein berechtigtes Interesse hat und dieses entsprechend begründet. Das Leistungskonzept ist damit ein Indiz zur Feststellung des berechtigten Interesses des Unternehmers, das aber auch darüber hinaus begründet werden kann. Das be-rechtigte Interesse des Unternehmers muss sich allgemein be-schreiben lassen. Die Kriterien, die der Unternehmer dem Aus-schluss der Pflicht, eine Anpassung anzubieten, zugrunde legt, müssen daher objektiv bestimmbar sein und für eine Personen-mehrheit gelten. Das bedeutet, dass die Angebotspflicht nicht für den Einzelfall, also nicht nur für den konkreten Verbraucher als Ver-tragspartner, ausgeschlossen werden kann. Berechtigte Interessen können allerdings nur solche sein, die der Erfüllung eines legitimen Zwecks dienen und die nicht grundsätzlichen Interessen der Allge-meinheit zuwiderlaufen. Ein berechtigtes Interesse kann beispiels-weise dann gegeben sein, wenn das Leistungskonzept des Unter-nehmers auf bestimmte Personengruppen oder Krankheitsbilder ausgerichtet ist. Zudem kann ein berechtigtes Interesse bestehen, Wohngruppen oder kleinere Wohnformen für Verbraucher mit einem bestimmten Grad der Pflegebedürftigkeit zu bilden. Dieses Konzept kann vor dem Hintergrund attraktiv sein, dass Personen ohne oder mit geringer Pflegebedürftigkeit ihr Leben gemeinsam und aktiv gestalten möchten und dieses bei anderer Zusammensetzung nur schwer oder gar nicht möglich wäre. Die Möglichkeit der Beschränkung oder des Ausschlusses der Pflicht, eine Anpassung anzubieten, kann auch für die Wahl des Wohnraums selbst von Bedeutung sein. Je nach Stufe der Pflegebedürftigkeit der Verbraucher sind gegebenenfalls auch besondere Vorschriften des Baurechts zu beachten, die die Auswahl des Wohnraums beschränken würden. Durch die Option, die Angebotspflicht auszuschließen, soll der Einzug für ältere Menschen sowie behinderte oder pflegebedürftige volljährige Menschen auch in solche Wohnungen oder Wohngebäude möglich werden, die für Personen ab einer bestimmten Pflegestufe aufgrund der gesetzlichen Vorgaben nicht mehr geeignet wären. Ziel der Regelung ist es damit auch, die Gestaltungsfreiheit der Unternehmer zu stärken, die Wahlmöglichkeiten des Verbrauchers zu verbessern und die Weiterentwicklung neuer Wohnformen über die stationäre Pflegeeinrichtung hinaus zu ermöglichen.

Des Weiteren kann ein berechtigtes Interesse des Unternehmers an einer Beschränkung oder an einem Ausschluss der Angebotspflicht vorliegen, wenn die spezifischen fachlichen Anforderungen an das Personal oder die baulichen Gestaltungsmöglichkeiten des überlassenen Wohnraums die Grenzen für die Erbringung einer fachgerechten Pflege- oder Betreuungsleistung vorgeben.

Die Regelung wird im Sinne des Verbraucherschutzes durch eine vorvertragliche Informationspflicht des Unternehmers nach § 3 Absatz 3 Nummer 5 ergänzt. Auf diese Weise wird gewährleistet, dass jeder Verbraucher bereits vor Einzug in den Wohnraum weiß, wie lange und unter welchen Umständen er dort wohnen bleiben kann. So kann er sich zum einen bewusst für eine Einrichtung entscheiden, die ihm eine lebenslange Versorgungsgarantie bietet. Zum anderen kann er aber auch einen Wohnraum wählen, der ihm ein Leben unter Menschen mit gleichen oder ähnlichen Bedürfnissen ermöglicht. Zudem stellt § 3 Absatz 3 Nummer 2 sicher, dass der Verbraucher vor Vertragsschluss über das dem Vertrag zugrunde gelegte Leistungskonzept informiert wird.

Im Rahmen der Bestimmung des berechtigten Interesses des Unternehmers sind die Belange behinderter Menschen besonders zu berücksichtigen. Das bedeutet, dass nur solche Interessen berechtigt sein können, die dem besonderen Gedanken des Rechts auf Teilhabe behinderter Menschen gerecht werden. Ein berechtigtes Interesse des Unternehmers, die Angebotspflicht bei einem Menschen mit Behinderung auszuschließen, kann daher nur in Ausnahmefällen begründet werden. Als Beispiel hierfür kann wiederum die Verfolgung eines Leistungskonzepts dienen, das auf die Betreuung von Menschen mit Behinderung in besonderen Wohngruppen ausgerichtet ist. Hier kann es vor dem Hintergrund der Förderung der Selbstbestimmung und des Rechts auf Teilhabe am Leben in der Gesellschaft sinnvoll sein, Wohngruppen mit Menschen mit ähnlichen Behinderungen oder behinderten Menschen einer bestimmten Altersgruppe zu bilden und den Ausschluss der Pflicht, eine Anpassung anzubieten, dementsprechend zu gestalten. Der Ausschluss der Angebotspflicht ist daher bei Verträgen mit behinderten Menschen erschwert. Dies hat zugleich zur Folge, dass auch die Kündigungsmöglichkeit für den Unternehmer nach § 12 Absatz 1 Nummer 2 eingeschränkt wird. Mit dieser Regelungssystematik soll der besonderen Situation von Menschen mit Behinderung Rechnung getragen werden. Viele Menschen mit Behinderung verbringen nahezu ihr gesamtes Leben in einer Einrichtung der Eingliederungshilfe. Bei einem geänderten Betreuungsbedarf, z. B. durch den Eintritt der Pflegebedürftigkeit, sollen sie davor geschützt werden, dass sie ihre gewohnte Umgebung verlassen müssen. Dennoch soll der Ausschluss der Pflicht, eine Anpassung anzubieten, auch bei Verträgen mit behinderten Menschen nicht unmöglich sein. Die Einrichtungen der Eingliederungshilfe sollen sich auf die Betreuung von Personen eines bestimmten Alters oder mit bestimmten Behinderungen vertraglich beschränken können.

§ 9 ENTGELTERHÖHUNG BEI ÄNDERUNG DER BERECHNUNGSGRUNDLAGE

§ 9 regelt die Entgelterhöhung bei Änderung der Berechnungsgrundlage. Anders als in § 8, wo die Erhöhung des Entgelts nur eine Folge der Anpassung des Pflege- oder Betreuungsbedarfs ist, ändert sich bei einer Entgelterhöhung nach § 9 der Preis für eine bestimmte Leistung des Unternehmers. Um den Verbraucher vor willkürlichen Preiserhöhungen zu schützen, ist eine Entgelterhöhung nur bei Vorliegen bestimmter Voraussetzungen möglich. Die Einführung einer Kappungsgrenze, wie sie in § 558 Absatz 3 BGB für die Mieterhöhung zu finden ist, ist nicht erforderlich. Die Bedingungen, die in § 9 festgelegt werden, sind grundsätzlich strenger als die Voraussetzungen für eine Mieterhöhung. Während die Kappungsgrenze dafür sorgt, dass der Vermieter die Miete in einem gewissen Zeitraum nur um einen bestimmten Prozentsatz erhöhen darf, kann der Unternehmer ausschließlich dann das Entgelt erhöhen, wenn sich seine Berechnungsgrundlage verändert hat.

(1) Der Unternehmer kann eine Erhöhung des Entgelts verlangen, wenn sich die bisherige Berechnungsgrundlage verändert. Neben dem erhöhten Entgelt muss auch die Erhöhung selbst angemessen sein. Satz 2 gilt nicht für die in § 7 Absatz 2 Satz 2 und 3 genannten Fälle. Entgelterhöhungen aufgrund von Investitionsaufwendungen sind nur zulässig, soweit sie nach der Art des Betriebs notwendig sind und nicht durch öffentliche Förderung gedeckt werden.

Absatz 1 ist an § 7 Absatz 1 des Heimgesetzes angelehnt. **Satz 1** formuliert die Berechtigung des Unternehmers, bei Vorliegen bestimmter Voraussetzungen eine Erhöhung des Entgelts zu verlangen. Nur wenn diese Voraussetzungen vorliegen, hat der Unternehmer einen Anspruch auf die für die Wirksamkeit der Erhöhung erforderliche Zustimmung des Verbrauchers. Gemäß **Satz 2** ist hierfür erforderlich, dass sowohl die Erhöhung für sich genommen als auch das erhöhte Entgelt insgesamt angemessen sind.

Satz 3 nimmt die in § 7 Absatz 2 und 3 genannten Fälle wiederum von den Anforderungen des Satzes 2 aus. Das bedeutet, dass bei Verträgen mit Verbrauchern, die Leistungsempfänger der Pflegeversicherung sind oder denen Hilfe in Einrichtungen nach dem Zwölften Buch Sozialgesetzbuch gewährt wird, die doppelte Angemessenheitsprüfung des Satzes 2 entbehrlich ist. In diesen Fällen ist vielmehr davon auszugehen, dass die vereinbarte oder festgesetzte Entgelterhöhung stets angemessen ist. Die Angemessenheit des erhöhten Entgelts ergibt sich auch aus § 7 Absatz 2 oder 3.

Entgelterhöhungen aufgrund von Investitionsaufwendungen sind nach **Satz 4** nur zulässig, soweit sie nach der Art des Betriebs notwendig sind und nicht durch öffentliche Förderung gedeckt werden. Die Einschränkung verfolgt zwei Ziele: Zum einen dient sie der Verhinderung von Missbrauchsfällen. Zum anderen soll der Verbraucher vor Entgelterhöhungen aufgrund von Investitionsaufwendungen geschützt werden, die das betriebsnotwendige Maß übersteigen (z. B. Luxussanierungen). Die Notwendigkeit einer Investitionsaufwendung ist in Abhängigkeit von der Art des Betriebs zu bestimmen. Handelt es sich beispielsweise um ein Pflegeheim im Sinne des § 71 Absatz 2 SGB XI, für das ein Versorgungsvertrag nach § 72 SGB XI besteht, bestimmt sich die Betriebsnotwendigkeit nach § 82 Absatz 3 und 4 SGB XI. Der Verbraucher muss darauf vertrauen können, dass sich das Entgelt aufgrund von Investitionsaufwendungen nur in einem für ihn überschaubaren Rahmen verändert.

(2) Der Unternehmer hat dem Verbraucher die beabsichtigte Erhöhung des Entgelts schriftlich mitzuteilen und zu begründen. Aus der Mitteilung muss der Zeitpunkt hervorgehen, zu dem der Unternehmer die Erhöhung des Entgelts verlangt. In der Begründung muss er unter Angabe des Umlagemaßstabs die Positionen benennen, für die sich durch die veränderte Berechnungsgrundlage Kostensteigerungen ergeben, und die bisherigen Entgeltbestandteile den vorgesehenen neuen Entgeltbestandteilen gegenüberstellen. Der Verbraucher schuldet das erhöhte Entgelt frühestens vier Wochen nach Zugang des hinreichend begründeten Erhöhungsverlangens. Der Verbraucher muss rechtzeitig Gelegenheit erhalten, die Angaben des Unternehmers durch Einsichtnahme in die Kalkulationsunterlagen zu überprüfen.

In Absatz 2 sind Verfahren und Form der Entgelterhöhung geregelt. Hält der Unternehmer die genannten Voraussetzungen nicht ein, ist die Entgelterhöhung unwirksam.

Nach **Satz 1** muss der Unternehmer den Verbraucher schriftlich von der beabsichtigten Entgelterhöhung unterrichten und diese begründen. Der Unternehmer muss demnach angeben, um welchen Betrag er das Entgelt erhöhen möchte. Die beabsichtigte Erhöhung kann sich auch auf Entgelterhöhungen beziehen, deren Eintritt noch unsicher ist, weil sie von Faktoren abhängen, die nicht dem alleinigen Einfluss des Unternehmers unterliegen.

Erbringt der Unternehmer stationäre Pflegeleistungen im Sinne des Achten Kapitels des Elften Buches Sozialgesetzbuch, kann er das Entgelt nur durch die Vereinbarung neuer Pflegesätze erhöhen. Das ergibt sich insoweit bereits aus § 7 Absatz 2 Satz 2, wonach sich die Höhe des Entgelts nach den maßgeblichen Regelungen des Elften Buches Sozialgesetzbuch bestimmt. Auch für Entgelterhöhungen, die im Rahmen des Pflegesatzverfahrens nach § 85 SGB XI verhandelt und festgesetzt werden, gelten im Verhältnis zu dem einzelnen Verbraucher die formellen Voraussetzungen des Absatzes 2.

Da der Unternehmer gemäß Satz 1 bereits die beabsichtigte Erhöhung mitteilen muss und nach Satz 4 das erhöhte Entgelt erst nach Ablauf einer Frist verlangen darf, wird er für die Ankündigung der Entgelterhöhung einen möglichst frühen Zeitpunkt wählen. In diesem Moment kann er den genauen Umfang der Entgelterhöhung noch nicht kennen, da dieser von dem Ausgang des Pflegesatzverfahrens abhängt. In diesem Fall muss der Unternehmer den Erhöhungsbetrag angeben, den er als Ergebnis in den Pflegesatzverhandlungen erreichen möchte. Bleibt der im Pflegesatzverfahren festgesetzte Betrag hinter dieser Forderung zurück, kann der Unternehmer vom Verbraucher nur diesen niedrigeren Betrag verlangen. Dies ergibt sich aus § 85 Absatz 6 Satz 1 SGB XI in Verbindung mit § 7 Absatz 2 Satz 2.

Nach **Satz 2** muss der Unternehmer den Zeitpunkt, zu dem er die Erhöhung des Entgelts verlangt, benennen. Der tatsächliche Wirksamkeitszeitpunkt der Entgelterhöhung ist hierfür unbeachtlich.

Satz 3 regelt die Form des Erhöhungsverlangens. Der Unternehmer muss in der Begründung zunächst unter Angabe des Umlagemaßstabs die Positionen benennen, für die sich durch die veränderte Berechnungsgrundlage Kostensteigerungen ergeben. Das stellt im Vergleich zur bisherigen Regelung im Heimgesetz (§ 7 Absatz 3 Satz 1) eine Vereinfachung dar. Während bislang die nach Abschluss des Heimvertrags entstandenen Veränderungen anzugeben waren, muss der Unternehmer nach der Neuregelung nur die sich durch die veränderte Berechnungsgrundlage ergebenden Kostensteigerungen benennen. Maßgeblich ist somit nicht der Zeitpunkt des Vertragsschlusses, sondern der Änderung der Berechnungsgrundlage. Diese Regelung ermöglicht es dem Unternehmer, für alle Bewohner einer Einrichtung einheitlich die Kostensteigerungen darzustellen und nicht auf jeden einzelnen Vertrag abzustellen. Darüber hinaus macht Satz 3 Vorgaben für die Darstellung der Entgelterhöhung in dem Mitteilungsschreiben des Unternehmers. So sind die bisherigen Entgeltbestandteile den vorgesehenen neuen Entgeltbestandteilen gegenüberzustellen. Diese Vorgabe dient der Übersichtlichkeit der Gestaltung des Entgelterhöhungsverlangens. Der Verbraucher soll auf einen Blick erkennen können, welche Positionen für ihn teurer werden und was sie nun kosten.

Satz 4 stellt sicher, dass zwischen Zugang des Erhöhungsverlangens und Anspruch des Unternehmers auf Zahlung des erhöhten Entgelts mindestens vier Wochen liegen. Diese Frist soll dem Verbraucher eine ausreichende Bedenkzeit für seine Entscheidung verschaffen, ob er auch zu den geänderten Konditionen an dem Vertrag festhalten oder sich hiervon lösen möchte. Gemäß § 11 Absatz 1 Satz 2 steht dem Verbraucher bei einer Entgelterhöhung ein außerordentliches Kündigungsrecht für den Zeitpunkt zu, zu dem die beabsichtigte Erhöhung wirksam werden soll. Damit der Verbraucher eine fundierte Entscheidung treffen kann, muss er genügend Zeit haben, um die Angaben des Unternehmers überprüfen zu können. Satz 5 verschafft ihm hierfür das Recht auf Einsichtnahme in die Kalkulationsunterlagen des Unternehmers.

Besondere Bedeutung hat die Frist des Satzes 4 wiederum dann, wenn der Unternehmer eine beabsichtigte Entgelterhöhung durch Einleitung eines Pflegesatzverfahrens nach § 85 SGB XI ankündigt. In diesen Fällen weiß weder der Unternehmer noch der Verbraucher, wie hoch die Entgelterhöhung tatsächlich ausfällt. Der Verbraucher muss innerhalb seiner mindestens vier Wochen betragenden Bedenkzeit entscheiden, ob er mit der vom Unternehmer beabsichtigten Entgelterhöhung einverstanden ist oder ob er es zumindest auf den Ausgang des Pflegesatzverfahrens ankommen lassen möchte. Da ihm das Kündigungsrecht nur für den Zeitpunkt zusteht, zu dem die beabsichtigte Erhöhung wirksam werden soll, kann er das Pflegesatzverfahren im Regelfall nicht ab- warten. Diese Erwägungen gelten umso mehr, wenn die Schiedsstelle nach § 76 SGB XI mit der Festsetzung der Pflegesätze betraut wird. In diesem Fall besteht zudem das Risiko einer rückwirkenden Festsetzung der Pflegesätze. Das bedeutet, dass der Verbraucher entscheiden muss, ob er – je nach Umfang der Entgelterhöhung – gegebenenfalls Rücklagen bilden kann und muss, um die eventuell nachträgliche Entgelterhöhung finanziell auffangen zu können. Der Verbraucher muss also einschätzen können, wie realistisch die Forderungen des Unternehmers sind. Nur auf dieser Grundlage und ausgestattet mit diesem Wissen kann er seine Risiken einschätzen und entscheiden, ob er eine Entgelterhöhung in Kauf nimmt oder ob er kündigt.

Satz 4 regelt, anders als die bisherige Vorschrift des § 7 Absatz 3 Satz 1 des Heimgesetzes, nicht den Zeitpunkt der Wirksamkeit der Erhöhung des Entgelts. Der Unternehmer hat vielmehr erst nach Ablauf der vierwöchigen Frist einen Anspruch gegen den Verbraucher auf Zahlung des erhöhten Entgelts. Abgestellt wird in Absatz 2 nur auf den Zeitpunkt, zu dem der Unternehmer die Entgelterhöhung verlangt. Diese Regelung hat den Vorteil, dass die durch eine

Pflegesatzvereinbarung oder eine Schiedsstellenentscheidung festgelegten Wirksamkeitszeitpunkte berücksichtigt werden können. Bei der Festlegung des Zeitpunktes des Wirksamwerdens soll die Pflegesatzvereinbarung oder der Schiedsstellenspruch zumindest die Frist von vier Wochen nach Zugang des hinreichend begründeten Erhöhungsverlangens berücksichtigen. Hierdurch werden die Interessen der Pflegeheimbewohner hinlänglich gewahrt (§ 85 Absatz 6 Satz 1 SGB XI).

Nach **Satz 5** muss der Verbraucher rechtzeitig die Gelegenheit erhalten, Einsicht in die Kalkulationsunterlagen des Unternehmers zu nehmen. Rechtzeitig bedeutet in diesem Zusammenhang, dass der Verbraucher vor Wirksamwerden der Entgelterhöhung noch genügend Zeit haben muss, um die Unterlagen zu überprüfen und eine Entscheidung treffen zu können. Die Ermöglichung der Einsichtnahme kurz vor Ablauf der vier Wochen oder, wenn der Unternehmer die Erhöhung des Entgelts zu einem anderen Zeitpunkt verlangt, unmittelbar vor diesem Termin, ist daher nicht mehr rechtzeitig.

§ 10 NICHTLEISTUNG ODER SCHLECHTLEISTUNG

Mit § 10 wird § 5 Absatz 11 des Heimgesetzes weiterentwickelt.

(1) Erbringt der Unternehmer die vertraglichen Leistungen ganz oder teilweise nicht oder weisen sie nicht unerhebliche Mängel auf, kann der Verbraucher unbeschadet weitergehender zivilrechtlicher Ansprüche bis zu sechs Monate rückwirkend eine angemessene Kürzung des vereinbarten Entgelts verlangen.

Durch Absatz 1 wird ein Minderungsrecht für den Verbraucher bei Nichtleistung oder Teilleistung sowie bei Schlechtleistung des Unternehmers begründet. Im Einzelfall kann der Verbraucher bis zur vollständigen Höhe des vereinbarten Gesamtentgelts die Befreiung von seiner Zahlungspflicht verlangen. Der Kürzungsanspruch besteht unbeschadet weitergehender zivilrechtlicher Ansprüche. Das bedeutet, dass der Verbraucher neben dem Minderungsanspruch auch Schadensersatzansprüche nach allgemeinem Recht geltend machen kann. Der Minderungsanspruch unterliegt einer sechsmonatigen Ausschlussfrist.

(2) Zeigt sich während der Vertragsdauer ein Mangel des Wohnraums oder wird eine Maßnahme zum Schutz des Wohnraums gegen eine nicht vorhergesehene Gefahr erforderlich, so hat der Verbraucher dies dem Unternehmer unverzüglich anzuzeigen.

Absatz 2 legt dem Verbraucher eine Anzeigepflicht auf für den Fall, dass sich im Laufe des Vertragsverhältnisses an dem Wohnraum ein Mangel zeigt oder eine Maßnahme zum Schutz des Wohnraums gegen eine nicht vorhergesehene Gefahr erforderlich wird. Der Verbraucher muss dem Unternehmer dies unverzüglich, das heißt ohne schuldhaftes Zögern (§ 121 BGB), anzeigen. Die Regelung entspricht inhaltlich § 536c Absatz 1 Satz 1 BGB. Die Anzeigepflicht ist eine Folge der Obhutspflicht, die sich als vertragliche Nebenpflicht des Verbrauchers aus der Vereinbarung über die Wohnraumüberlassung ergibt.

(3) Soweit der Unternehmer infolge einer schuldhaften Unterlassung der Anzeige nach Absatz 2 nicht Abhilfe schaffen konnte, ist der Verbraucher nicht berechtigt, sein Kürzungsrecht nach Absatz 1 geltend zu machen.

Mit Absatz 3 wird die Anzeigepflicht aus Absatz 2 mit dem Kürzungsrecht des Verbrauchers gemäß Absatz 1 in Verbindung gebracht. Hat der Verbraucher die nach Absatz 2 erforderliche Anzeige unterlassen und konnte der Unternehmer deswegen nicht Abhilfe schaffen, ist der Verbraucher nicht berechtigt, sein Kürzungsrecht nach Absatz 1 geltend zu machen. Der Verbraucher muss die Anzeige schuldhaft unterlassen haben. Der Maßstab für das Verschulden ergibt sich aus den §§ 276, 278 BGB. Die Regelung, die an § 536c Absatz 2 BGB angelehnt ist, folgt dem Rechtsgedanken, dass der Unternehmer die Gelegenheit erhalten muss, den Mangel zu beseitigen, um das Kürzungsrecht des Verbrauchers nach Absatz 1 zukünftig abwenden zu können. Der Verbraucher soll den Mangel nicht zunächst in Kauf nehmen können, um zu einem späteren Zeitpunkt seine Gewährleistungsrechte darauf zu stützen. Das ist insbesondere deswegen von Bedeutung, weil Absatz 1 dem Verbraucher ein rückwirkendes Kürzungsrecht einräumt.

(4) Absatz 1 ist nicht anzuwenden, soweit nach § 115 Absatz 3 des Elften Buches Sozialgesetzbuch wegen desselben Sachverhalts ein Kürzungsbetrag vereinbart oder festgesetzt worden ist.

In Absatz 4 wird geregelt, dass dem Verbraucher der Minderungsanspruch nicht mehr zusteht, wenn bereits ein Kostenträger nach §

115 Absatz 3 SGB XI wegen desselben Sachverhalts einen Minderungsanspruch durchgesetzt hat. Nicht jeder Minderungsanspruch des Verbrauchers hat Auswirkungen auf Verträge mit den Kostenträgern. Ebenso ist möglich, dass eine Vertragsverletzung des Unternehmers gegenüber dem Kostenträger nicht auf den individuellen Vertrag zwischen Unternehmer und Verbraucher durchschlägt.

(5) Bei Verbrauchern, denen Hilfe in Einrichtungen nach dem Zwölften Buch Sozialgesetzbuch gewährt wird, steht der Kürzungsbetrag nach Absatz 1 bis zur Höhe der erbrachten Leistungen vorrangig dem Träger der Sozialhilfe zu. Verbrauchern, die Leistungen nach dem Elften Buch Sozialgesetzbuch in Anspruch nehmen, steht der Kürzungsbetrag bis zur Höhe ihres Eigenanteils selbst zu; ein überschießender Betrag ist an die Pflegekasse auszuzahlen.

Nach Absatz 5 steht bei Verbrauchern, denen Hilfe in Einrichtungen nach dem Zwölften Buch Sozialgesetzbuch gewährt wird, der Kürzungsbetrag bis zur Höhe der erbrachten Leistungen vorrangig dem Sozialhilfeträger zu. Leistungsempfängern der Pflegeversicherung steht der Kürzungsbetrag bis zur Höhe ihres Eigenanteils zu; ein überschießender Betrag ist an die Pflegekasse zurückzuzahlen.

§ 11 KÜNDIGUNG DURCH DEN VERBRAUCHER

§ 11 legt die ordentlichen und außerordentlichen Kündigungsrechte für den Verbraucher fest.

(1) Der Verbraucher kann den Vertrag spätestens am dritten Werktag eines Kalendermonats zum Ablauf desselben Monats schriftlich kündigen. Bei einer Erhöhung des Entgelts ist eine Kündigung jederzeit zu dem Zeitpunkt möglich, zu dem der Unternehmer die Erhöhung des Entgelts verlangt. In den Fällen des § 1 Absatz 2 Satz 1 Nummer 1 und 2 kann der Verbraucher nur alle Verträge einheitlich kündigen. Bei Verträgen im Sinne des § 1 Absatz 2 Satz 2 hat der Verbraucher die Kündigung dann gegenüber allen Unternehmern zu erklären.

Satz 1 regelt das ordentliche Kündigungsrecht für den Verbraucher. Er kann den Vertrag spätestens am dritten Werktag eines Kalendermonats zum Ablauf desselben Monats kündigen. Diese Kündigungsfrist von einem Monat abzüglich einer Karenzzeit von drei Tagen ist auch für den Unternehmer zumutbar. Ihm verbleiben in jedem Fall fast vier Wochen Zeit, um einen Nachfolger für den

Verbraucher zu finden. Dem Verbraucher steht nach Satz 2 ein Sonderkündigungsrecht zu, wenn eine Entgelterhöhung bevorsteht. Die **Sätze 3 und 4** gelten für die in § 1 Absatz 2 Nummer 1 und 2 geregelten Fälle verbundener Verträge. Satz 3 regelt, dass der Verbraucher im Wege der ordentlichen Kündigung nur alle Verträge einheitlich kündigen kann. Hierdurch wird der entsprechenden Anwendung des Gesetzes auf getrennte Verträge, die in § 1 Absatz 2 angeordnet wird, Rechnung getragen. Kündigt der Verbraucher nach Satz 3 alle Verträge einheitlich und sind an den Verträgen mehrere Unternehmer beteiligt, muss der Verbraucher die Kündigung gemäß Satz 4 gegenüber allen Unternehmern erklären. Die Regelung ist erforderlich, damit alle Unternehmer von der Kündigung Kenntnis erlangen.

(2) Innerhalb von zwei Wochen nach Beginn des Vertragsverhältnisses kann der Verbraucher jederzeit ohne Einhaltung einer Frist kündigen. Wird dem Verbraucher erst nach Beginn des Vertragsverhältnisses eine Ausfertigung des Vertrags ausgehändigt, kann der Verbraucher auch noch bis zum Ablauf von zwei Wochen nach der Aushändigung kündigen.
Satz 1 gewährt dem Verbraucher ein außerordentliches Kündigungsrecht innerhalb eines Zeitraums von zwei Wochen nach der Überlassung des Wohnraums. Hierdurch soll dem Verbraucher eine Art Probewohnen ermöglicht werden, ohne ein großes Risiko eingehen zu müssen. Innerhalb der ersten zwei Wochen nach Einzug sollte der Verbraucher erkennen, ob die Einrichtung und das Leistungskonzept seinen Vorstellungen und Erwartungen entsprechen. Ist das nicht der Fall, kann er den Vertrag kündigen; er geht auch finanziell über- schaubare Risiken ein.
Satz 2 gilt für den Fall, dass dem Verbraucher erst nach Beginn des Vertragsverhältnisses eine Ausfertigung des Vertrags ausgehändigt wird. Über den Zeitraum des Satzes 1 hinaus kann der Verbraucher den Vertrag noch bis zum Ablauf von zwei Wochen nach der Aushändigung kündigen. Der Zeitraum, innerhalb dessen der Verbraucher zur Kündigung berechtigt ist, wird damit verlängert. Hiermit soll zum einen dem Recht des Verbrauchers auf Aushändigung einer Ausfertigung des Vertrags gemäß § 6 Absatz 1 Satz 3 zusätzliches Gewicht verliehen werden. Zum anderen dient die Regelung der Harmonisierung mit § 120 Absatz 2 Satz 3 SGB XI.

(3) Der Verbraucher kann den Vertrag aus wichtigem Grund jederzeit ohne Einhaltung einer Kündigungsfrist kündigen, wenn ihm die Fortset-

zung des Vertrags bis zum Ablauf der Kündigungsfrist nicht zuzumuten ist.

In Absatz 3 wird dem Verbraucher auch über den Zeitraum von zwei Wochen nach Einzug hinaus ein außerordentliches Kündigungsrecht eingeräumt, wenn ein wichtiger Grund vorliegt und dem Verbraucher die Fortsetzung des Vertrags bis zum Ablauf der Kündigungsfrist nicht zuzumuten ist.

(4) Die Absätze 2 und 3 sind in den Fällen des § 1 Absatz 2 auf jeden der Verträge gesondert anzuwenden. Kann der Verbraucher hiernach einen Vertrag kündigen, ist er auch zur Kündigung der anderen Verträge berechtigt. Er hat dann die Kündigung einheitlich für alle Verträge und zu demselben Zeitpunkt zu erklären. Bei Verträgen im Sinne des § 1 Absatz 2 Satz 2 hat der Verbraucher die Kündigung gegenüber allen Unternehmern zu erklären.

Die Absätze 4 und 5 gelten für die Fälle des § 1 Absatz 2, in denen also mehrere Verträge vorliegen. Hier werden die Rechtsfolgen für den Fall festgelegt, dass einer der Verträge gekündigt wird. Grundsätzlich soll der Verbraucher darüber entscheiden können, was mit den anderen Verträgen geschieht. Dahinter steht der Gedanke, dass sich der Verbraucher bei einer Mehrheit von Verträgen ein Gesamtpaket an Leistungen organisiert, die für ihn im Zweifel nur in dieser Zusammensetzung Sinn machen. Bei Beendigung eines Vertrags soll der Verbraucher nicht an die anderen Verträge gebunden bleiben müssen.

Kann der Verbraucher einen Vertrag ohne Einhaltung einer Frist kündigen, ist er auch zur Kündigung der anderen Verträge berechtigt. In diesem Fall muss er die Kündigung für alle Verträge einheitlich und zu demselben Zeitpunkt erklären. Sind an den Verträgen mehrere Unternehmer beteiligt, muss er die Kündigung zudem gegenüber allen Unternehmern erklären. Der Verbraucher kann sich in diesen Fällen also entscheiden, ob er nur den Vertrag kündigt, für den ihm ohnehin ein Kündigungsrecht zusteht, oder ob er sich von allen Verträgen lösen möchte. Die darüber hinausgehende Möglichkeit, einzelne Verträge zu kündigen, steht ihm hingegen nicht zu. Insofern ist er auf sein ordentliches Kündigungsrecht zu verweisen.

(5) Kündigt der Unternehmer in den Fällen des § 1 Absatz 2 einen Vertrag, kann der Verbraucher zu demselben Zeitpunkt alle anderen Verträge kündigen. Die Kündigung muss unverzüglich nach Zugang der Kündi-

gungserklärung des Unternehmers erfolgen. Absatz 4 Satz 3 und 4 ist entsprechend anzuwenden.

Absatz 5 gilt für den Fall, dass der Unternehmer einen Vertrag kündigt. Auch in dieser Situation kann der Verbraucher zu demselben Zeitpunkt alle anderen Verträge kündigen. Diese Entscheidung kann er ebenfalls nur für alle Verträge einheitlich treffen. Die Kündigung des Verbrauchers ist nur wirksam, wenn er sie unverzüglich, das heißt ohne schuldhaftes Zögern (§ 121 Absatz 1 BGB), nach Zugang der Kündigungserklärung des Unternehmers erklärt.

§ 12 Kündigung durch den Unternehmer

§ 12 regelt die Kündigungsmöglichkeiten für den Unternehmer.

(1) Der Unternehmer kann den Vertrag nur aus wichtigem Grund kündigen. Die Kündigung bedarf der Schriftform und ist zu begründen. Ein wichtiger Grund liegt insbesondere vor, wenn

1. der Unternehmer den Betrieb einstellt, wesentlich einschränkt oder in seiner Art verändert und die Fortsetzung des Vertrags für den Unternehmer eine unzumutbare Härte bedeuten würde,

2. der Unternehmer eine fachgerechte Pflege- oder Betreuungsleistung nicht erbringen kann, weil
    a)   der Verbraucher eine vom Unternehmer angebotene Anpassung der Leistungen nach § 8 Absatz 1 nicht annimmt oder
    b)   der Unternehmer eine Anpassung der Leistungen aufgrund eines Ausschlusses nach § 8 Absatz 4 nicht anbietet
    und dem Unternehmer deshalb ein Festhalten an dem Vertrag nicht zumutbar ist,

3. der Verbraucher seine vertraglichen Pflichten schuldhaft so gröblich verletzt, dass dem Unternehmer die Fortsetzung des Vertrags nicht mehr zugemutet werden kann, oder

4. der Verbraucher
    a)   für zwei aufeinander folgende Termine mit der Entrichtung des Entgelts oder eines Teils des Entgelts, der das Entgelt für einen Monat übersteigt, im Verzug ist, oder
    b)   in einem Zeitraum, der sich über mehr als zwei Termine erstreckt, mit der Entrichtung des Entgelts in Höhe eines Betrags in Verzug gekommen ist, der das Entgelt für zwei Monate erreicht.

Eine Kündigung des Vertrags zum Zwecke der Erhöhung des Entgelts ist ausgeschlossen.

Durch Absatz 1 wird klargestellt, dass der Unternehmer den Vertrag nur aus wichtigem Grund kündigen kann. Dem Unternehmer steht damit im Gegensatz zu dem Verbraucher kein ordentliches Kündigungsrecht zu. Die Kündigung ist nur dann wirksam, wenn sie schriftlich und begründet erfolgt. **Satz 3** zählt verschiedene Fälle auf, in denen ein wichtiger Grund vorliegt. Hierbei handelt es sich um eine beispielhafte Aufzählung. Der Unternehmer kann auch andere Gründe von entsprechendem Gewicht für die Beendigung des Vertrags anführen.

In den Fällen des Satzes 3 **Nummer 1** ist Voraussetzung für das Vorliegen eines wichtigen Grundes, dass die Fortsetzung des Vertrags für den Unternehmer eine unzumutbare Härte bedeuten würde. Eine Härte liegt dann vor, wenn nach Abwägung der Interessen beider Vertragsparteien eine weitere Bindung des Unternehmers an den Vertrag unter keinem Gesichtspunkt mehr gerechtfertigt werden kann. Diese Regelung geht von der Überlegung aus, dass eine allein in der Interessenssphäre des Unternehmers liegende Veränderung die Bindungswirkung des mit dem Verbraucher bestehenden Vertrags nicht ohne weiteres aufheben kann. Der Unternehmer weiß, dass der Verbraucher mit dem Einzug in eine Wohnform häufig die Erwartung verbindet, dass er dort auf Dauer seinen Lebensmittelpunkt haben wird und dass ihm eine Rückkehr in die aufgegebene Wohnung meist nicht mehr möglich ist. Zudem bedeutet jeder nochmalige Umzug in eine andere Umgebung für ältere sowie pflegebedürftige und behinderte Menschen eine erhebliche Belastung, die so weit wie möglich vermieden werden sollte, wenn dieses Risiko vom Verbraucher nicht bewusst durch Abschluss einer entsprechenden Vereinbarung eingegangen wurde.

Satz 3 **Nummer 2** ist für die Fälle einschlägig, in denen der Unternehmer eine fachgerechte Pflege- oder Betreuungsleistung nicht erbringen kann, hierzu aber auch nicht verpflichtet ist. Die Verpflichtung zur vollständigen Anpassung an den geänderten Pflege- oder Betreuungsbedarf des Verbrauchers kann aus zwei Gründen für den Unternehmer entfallen. Entweder nimmt der Verbraucher eine vom Unternehmer angebotene Anpassung seiner Leistungspflicht nicht an (Buchstabe a) oder der Unternehmer muss eine Anpassung aufgrund eines wirksamen Ausschlusses der Angebotspflicht nach § 8 Absatz 4 nicht anbieten (Buchstabe b). Die Kündigungsmöglichkeit für den Unternehmer ist allerdings an die weitere Voraussetzung geknüpft, dass aufgrund der Nichterbringung einer fachgerechten Pflege- oder Betreuungsleistung dem Unternehmer ein Festhalten an dem Vertrag nicht zumutbar ist. Diese zusätzliche Voraussetzung ist notwendig, um die Gestaltungsmöglichkeit des Verbrauchers nach § 8 Absatz 1 Satz 2 zu erhalten. Könnte der Unternehmer bereits dann kündigen, wenn er mit seiner Leistung hinter dem Pflege- oder Betreuungsbedarf des Verbrauchers deswegen zurückbleibt, weil der Verbraucher nur mit einer eingeschränkten Leistung einverstanden ist, würde das Recht des Verbrauchers, das Angebot des Unternehmers nicht oder nur teilweise anzunehmen, letztendlich leerlaufen. Seine Entscheidungsfreiheit wäre durch die drohende Kündigungsmöglichkeit des Unternehmers faktisch eingeschränkt. Die Unzumutbarkeit für den Unternehmer ist gegeben, wenn bei einer umfassenden Interessenabwägung ein überwiegendes Interesse des Unternehmers für ein Loskommen von dem Vertrag mit dem Verbraucher festgestellt werden kann. Das bedeutet jedoch nicht, dass Maßstab für die Zumutbarkeit nur die alleinigen Interessen des Unternehmers sind. Dem Unternehmer kann ein Festhalten an dem Vertrag vielmehr auch dann nicht zumutbar sein, wenn er seine vertraglichen Verpflichtungen, insbesondere die auf dieser Grundlage bestehenden Fürsorgepflichten gegenüber Dritten, nicht einhalten kann. So kann die drohende Nichteinhaltung von Verträgen, etwa mit anderen Verbrauchern oder mit Angestellten des Unternehmers, die Unzumutbarkeit begründen. Andere Verbraucher werden von der von § 12 Absatz 1 Satz 3 Nummer 2 erfassten Situation vor allem dann betroffen sein, wenn sie Mitbewohnerinnen oder Mitbewohner desjenigen Verbrauchers sind, dem der Unternehmer kündigen möchte. Aufgrund ihres eigenen Vertrags mit dem Unternehmer dürfen sie ihrerseits die Beachtung ihrer Interessen und Bedürfnisse erwarten. Der Unternehmer muss daher abwägen, wie viel er seinen anderen Vertragspartnern zumuten kann, ohne seine Fürsorgepflicht zu verletzen.

Die Kündigung des Unternehmers nach Satz 3 Nummer 2 Buchstabe a ist an die weiteren Voraussetzungen des Absatzes 2 geknüpft. Ein weiterer wichtiger Kündigungsgrund für den Unternehmer ist die gröbliche Verletzung der vertraglichen Pflichten durch den Verbraucher. In diesen Fällen kann der Unternehmer den Vertrag fristlos kündigen, wenn ihm eine Fortsetzung des Vertrags nicht mehr zugemutet werden kann und der Verbraucher sich schuldhaft vertragswidrig verhalten hat (Satz 3 **Nummer 3**).

In Satz 3 **Nummer 4** ist für die Fälle des Zahlungsverzugs des Verbrauchers die Regelung des § 543 Absatz 2 Satz 1 Nummer 3 BGB für den Zahlungsverzug des Mieters übernommen worden, da sie auch hier für interessensgerecht gehalten wird.

Satz 5 regelt, dass eine Kündigung des Unternehmers zum Zwecke der Entgelterhöhung ausgeschlossen ist. Angesichts der Systematik der vorstehenden Regelungen ist diese Vorschrift als deklaratorisch anzusehen.

(2) Der Unternehmer kann aus dem Grund des Absatzes 1 Satz 3 Nummer 2 Buchstabe a nur kündigen, wenn er zuvor dem Verbraucher gegenüber sein Angebot nach § 8 Absatz 1 Satz 1 unter Bestimmung einer angemessenen Annahmefrist und unter Hinweis auf die beabsichtigte Kündigung erneuert hat und der Kündigungsgrund durch eine Annahme des Verbrauchers im Sinne des § 8 Absatz 1 Satz 2 nicht entfallen ist.

Absatz 2 regelt besondere Voraussetzungen für eine Kündigung des Unternehmers aus dem Grund des Absatzes 1 Satz 3 Nummer 2 Buchstabe a. Der Unternehmer soll nur dann kündigen können, wenn er zuvor dem Verbraucher gegenüber sein Angebot nach § 8 Absatz 1 Satz 1 erneuert hat und der Kündigungsgrund aufgrund der Annahmeerklärung des Verbrauchers nicht entfallen ist. Nach § 8 Absatz 1 Satz 1 muss der Unternehmer eine Anpassung seiner vertraglich geschuldeten Leistungen an den veränderten Pflege- oder Betreuungsbedarf des Verbrauchers anbieten. Der Verbraucher kann gemäß § 8 Absatz 1 Satz 2 dieses Angebot ganz oder teilweise annehmen oder ablehnen. In diesem Fall ist für den Verbraucher aber nicht unmittelbar ersichtlich, welche Folgen seine Entscheidung hat. Denn er kann nicht ohne weiteres abschätzen, ob eine völlige oder teilweise Ablehnung des Angebots dazu führt, dass dem Unternehmer ein Festhalten an dem Vertrag unzumutbar ist und daher eine Kündigungsmöglichkeit für den Unternehmer begründet. Wegen der schwerwiegenden Folgen, die eine Kündigung für den Verbraucher hat, soll ihm für den Fall, dass eine dem Unternehmer unzumutbare Situation tatsächlich eingetreten ist, nochmals die Möglichkeit zur Abwendung der Kündigung gegeben werden. Er soll daher die Gelegenheit bekommen, seine ursprüngliche Entscheidung angesichts der drohenden Kündigung zu überdenken. Der Unternehmer muss hierfür zunächst sein ursprüngliches Angebot erneuern. Diese Regelung ist erforderlich, weil das Angebot durch die Nichtannahme oder teilweise Nichtannahme des Verbrauchers gemäß den §§ 146, 150 Absatz 2 BGB erloschen ist.

Für die Erneuerung ist es nicht unbedingt notwendig, dass der Unternehmer nochmals ein Angebotsschreiben verfasst, das den Anforderungen des § 8 Absatz 3 genügt. Vielmehr ist es auch möglich, dass er auf sein ursprüngliches Angebot Bezug nimmt. Es muss für den Verbraucher allerdings erkennbar sein, dass der Unternehmer ihm gegenüber sein ursprüngliches Angebot wiederholt und er erneut die Möglichkeit bekommt, darauf einzugehen. Der Unternehmer hat dem Verbraucher eine angemessene Annahmefrist zu setzen, innerhalb derer der Verbraucher das Angebot annehmen kann (vgl. § 148 BGB). Die Angemessenheit der Frist bestimmt sich nach den Umständen des Einzelfalls. Zudem muss der Unternehmer den Verbraucher auf die beabsichtigte Kündigung hinweisen. Hiermit sollen dem Verbraucher die Konsequenzen seiner Entscheidung vor Augen geführt werden. Des Weiteren darf die Annahmeerklärung des Verbrauchers den Kündigungsgrund nach Absatz 1 Satz 3 Nummer 2 Buchstabe a nicht entfallen lassen. Durch die Bezugnahme auf § 8 Absatz 1 Satz 2 wird klargestellt, dass der Verbraucher auch weiterhin die Möglichkeit hat, das Angebot ganz oder teilweise anzunehmen. Bedeutsam ist diese Regelung vor allem für den Fall, dass der Verbraucher das Angebot des Unternehmers nur teilweise annimmt. Hier kommt es darauf an, ob der Umfang, in dem der Verbraucher das Angebot angenommen hat, dazu führt, dass die Unzumutbarkeit für den Unternehmer, am Vertrag festzuhalten, entfällt. In diesem Fall liegen die Voraussetzungen des Absatzes 1 Satz 3 Nummer 2 Buchstabe a nicht mehr vor und der Unternehmer kann den Vertrag nicht mehr aus diesem Grund kündigen.

(3) Der Unternehmer kann aus dem Grund des Absatzes 1 Satz 3 Nummer 4 nur kündigen, wenn er zuvor dem Verbraucher unter Hinweis auf die beabsichtigte Kündigung erfolglos eine angemessene Zahlungsfrist gesetzt hat. Ist der Verbraucher in den Fällen des Absatzes 1 Satz 3 Nummer 4 mit der Entrichtung des Entgelts für die Überlassung von Wohnraum in Rückstand geraten, ist die Kündigung ausgeschlossen, wenn der Unternehmer vorher befriedigt wird. Die Kündigung wird unwirksam, wenn der Unternehmer bis zum Ablauf von zwei Monaten nach Eintritt der Rechtshängigkeit des Räumungsanspruchs hinsichtlich des fälligen Entgelts befriedigt wird oder eine öffentliche Stelle sich zur Befriedigung verpflichtet.

Satz 1 regelt besondere Voraussetzungen für eine Kündigung des Unternehmers nach Absatz 1 Satz 3 Nummer 4. Hiernach muss der

Unternehmer den Verbraucher zuvor auf die beabsichtigte Kündigung hinweisen und ihm erfolglos eine angemessene Zahlungsfrist gesetzt haben. Damit soll der Verbraucher vor Ausspruch der Kündigung durch den Unternehmer eine nochmalige Gelegenheit zur Zahlung erhalten. Der Hinweis auf die beabsichtigte Kündigung soll dem Verbraucher dabei gleichzeitig die Konsequenzen seines Zahlungsverzugs verdeutlichen.

Der in den **Sätzen 2 und 3** geregelte Ausschluss der Kündigung entspricht den vergleichbaren Regelungen des § 543 Absatz 2 Satz 2 und des § 569 Absatz 3 Nummer 2 Satz 1 BGB.

(4) In den Fällen des Absatzes 1 Satz 3 Nummer 2 bis 4 kann der Unternehmer den Vertrag ohne Einhaltung einer Frist kündigen. Im Übrigen ist eine Kündigung bis zum dritten Werktag eines Kalendermonats zum Ablauf des nächsten Monats zulässig.

Absatz 4 bestimmt die Kündigungsfristen. In den Fällen des Absatzes 1 Satz 3 Nummer 2 bis 4 ist der Unternehmer nicht an die Einhaltung einer Kündigungsfrist gebunden. In den übrigen Fällen ist die Kündigung spätestens am dritten Werktag eines Kalendermonats zum Ablauf des nächsten Monats zu erklären. Mit Einräumung dieser Frist soll es dem Unternehmer zur Erfüllung seiner Nachweispflicht gemäß § 13, aber auch dem Verbraucher ermöglicht werden, geeigneten anderen Wohnraum zu suchen und die entsprechende Betreuung zu organisieren.

(5) Die Absätze 1 bis 4 sind in den Fällen des § 1 Absatz 2 auf jeden der Verträge gesondert anzuwenden. Der Unternehmer kann in den Fällen des § 1 Absatz 2 einen Vertrag auch dann kündigen, wenn ein anderer Vertrag gekündigt wird und ihm deshalb ein Festhalten an dem Vertrag unter Berücksichtigung der berechtigten Interessen des Verbrauchers nicht zumutbar ist. Er kann sein Kündigungsrecht nur unverzüglich nach Kenntnis von der Kündigung des anderen Vertrags ausüben. Dies gilt unabhängig davon, ob die Kündigung des anderen Vertrags durch ihn, einen anderen Unternehmer oder durch den Verbraucher erfolgt ist.

Absatz 5 gilt für die Fälle des § 1 Absatz 2, in denen also mehrere Verträge vorliegen. Satz 1 legt zunächst fest, dass in diesen Fällen die Absätze 1 bis 4 auf jeden der Verträge gesondert anzuwenden sind. Darüber hinaus ergibt sich aus der Vorschrift für den Unternehmer ein zusätzliches Kündigungsrecht, wenn ein anderer Vertrag gekündigt wird und ihm ein Festhalten an dem Vertrag unter Berücksichtigung der berechtigten Interessen des Verbrauchers nicht zumutbar ist. Der andere Vertrag kann entweder durch den Verbraucher, durch einen anderen Unternehmer oder in den Fällen des § 2 Absatz 2 Satz 1 durch ihn selbst gekündigt werden. Der Unternehmer kann sein zusätzliches Kündigungsrecht nur unverzüglich, das heißt ohne schuldhaftes Zögern (§ 121 Absatz 1 BGB), nach Kenntnis von der Kündigung des anderen Vertrags ausüben. Mit Einräumung dieser Kündigungsmöglichkeit für den Unternehmer soll dem Umstand Rechnung getragen werden, dass der Unternehmer ein besonderes wirtschaftliches Interesse an dem Abschluss von mehreren Verträgen als Gesamtpaket haben kann. Der Unternehmer soll daher nicht an einen Vertrag gebunden bleiben, der für ihn wirtschaftlich keinen Sinn macht und den er einzeln so auch nicht abgeschlossen hätte.

§ 13 NACHWEIS VON LEISTUNGSERSATZ UND ÜBERNAHME VON UMZUGSKOSTEN

§ 13 begründet Leistungspflichten des Unternehmers, die nach Kündigung des Vertrags ausgelöst werden können. Die Leistungspflicht kann sich auf den Nachweis von Leistungsersatz und auf die Übernahme der Umzugskosten des Verbrauchers beziehen. Im Grundsatz werden dem Unternehmer diese Leistungspflichten dann auferlegt, wenn der Grund für die Kündigung aus seinem Wirkungskreis stammt. Kommt der Unternehmer seinen Leistungspflichten aus § 13 nicht nach, werden die Rechtsfolgen des allgemeinen Rechts ausgelöst. In Betracht kommen Schadensersatzansprüche nach § 280 ff. BGB.

(1) Hat der Verbraucher nach § 11 Absatz 3 Satz 1 aufgrund eines vom Unternehmer zu vertretenden Kündigungsgrundes gekündigt, ist der Unternehmer dem Verbraucher auf dessen Verlangen zum Nachweis eines angemessenen Leistungsersatzes zu zumutbaren Bedingungen und zur Übernahme der Umzugskosten in angemessenem Umfang verpflichtet. § 115 Absatz 4 des Elften Buches Sozialgesetzbuch bleibt unberührt.
Absatz 1 gilt für eine Kündigung durch den Verbraucher nach § 11 Absatz 3 Satz 1 (aus wichtigem Grund).
Wenn der Unternehmer den Kündigungsgrund zu vertreten hat, hat der Verbraucher nach **Satz 1** einen Anspruch auf Nachweis eines angemessenen Leistungsersatzes zu zumutbaren Bedingungen

und auf Übernahme seiner Umzugskosten in angemessenem Umfang.

Möchte der Verbraucher sich seinen neuen Wohnraum und die entsprechenden Pflege- oder Betreuungsleistungen selbst suchen und sich hierbei nicht auf den Nachweis durch den Unternehmer verlassen, muss er die Leistungspflicht des Unternehmers nicht in Anspruch nehmen. Durch die Formulierung „auf Verlangen des Verbrauchers" ist gewährleistet, dass der Unternehmer in diesem Fall nicht zu einem sinnlosen Handeln verpflichtet wird.

Für das Vertretenmüssen des Unternehmers gilt der Maßstab des § 276 BGB.

§ 115 Absatz 4 SGB XI, wonach die Pflegekassen bei Feststellung schwerwiegender Mängel in Pflegeheimen im Sinne des § 71 Absatz 2 SGB XI verpflichtet sind, den betroffenen Bewohnern auf deren Antrag eine andere geeignete Pflegeeinrichtung zu vermitteln, bleibt gemäß **Satz 2** ausdrücklich unberührt.

(2) Hat der Unternehmer nach § 12 Absatz 1 Satz 1 aus den Gründen des § 12 Absatz 1 Satz 3 Nummer 1 oder nach § 12 Absatz 5 gekündigt, so hat er dem Verbraucher auf dessen Verlangen einen angemessenen Leistungsersatz zu zumutbaren Bedingungen nachzuweisen. In den Fällen des § 12 Absatz 1 Satz 3 Nummer 1 hat der Unternehmer auch die Kosten des Umzugs in angemessenem Umfang zu tragen.

Absatz 2 behandelt die Folgen einer Kündigung durch den Unternehmer, weil dieser seinen Betrieb einstellt, wesentlich einschränkt oder in seiner Art verändert und die Fortsetzung des Vertrags für ihn eine unzumutbare Härte bedeuten würde (§ 12 Absatz 1 Satz 3 Nummer 1) oder weil in den Fällen des § 1 Absatz 2 ein anderer Vertrag gekündigt wird und ihm deshalb ein Festhalten an dem Vertrag nicht zumutbar ist (§ 12 Absatz 5).

Im erstgenannten Fall hat der Unternehmer dem Verbraucher sowohl einen angemessenen Leistungsersatz nachzuweisen als auch die Umzugskosten in angemessenem Umfang zu tragen. Dieses Ergebnis ist deswegen sachgerecht, weil der Grund für die Kündigung ausschließlich in der Sphäre des Unternehmers liegt. Ein darüber hinausgehendes Vertretenmüssen des Unternehmers ist damit nicht erforderlich.

In den Fällen einer Kündigung des Unternehmers nach § 12 Absatz 5 beschränkt sich seine Leistungspflicht auf den Nachweis des angemessenen Leistungsersatzes. Zwar fällt die Kündigung nicht in die Sphäre des Unternehmers. Der Unternehmer erhält durch § 12

Absatz 5 aber ein Kündigungsrecht, für das abweichend von der sonstigen Systematik der Kündigungsvorschriften dieses Gesetzes kein wichtiger Grund vorliegen muss. Abgestellt wird vielmehr lediglich darauf, dass ihm ein Festhalten an dem Vertrag nicht zumutbar ist.

Darüber hinaus ist zu beachten, dass der Unternehmer sein Kündigungsrecht nach § 12 Absatz 5 Satz 2 nur unverzüglich ausüben kann. Daher verbleibt dem Verbraucher möglicherweise nicht viel Zeit, um sich selbst nach einer neuen Unterkunft und einer entsprechenden Pflege- oder Betreuungsleistung umzuschauen. Der Regelung liegt die Annahme zugrunde, dass die kurzfristige Organisation einer neuen Unterkunft sowie einer adäquaten Pflege und Betreuung für den Unternehmer einfacher zu bewerkstelligen ist. Er hat üblicherweise einen besseren Überblick über das Marktgeschehen.

Schließlich ist die Kündigung des Unternehmers nach § 12 Absatz 5 für den Verbraucher zumindest in den Fällen nicht vorhersehbar, in denen ein anderer Vertrag durch den Unternehmer selbst oder durch einen anderen Unternehmer gekündigt wird.

Die Regelung des Absatzes 2 sorgt nun für einen gerechten Interessenausgleich zwischen Verbraucher und Unternehmer. Das zusätzliche Kündigungsrecht des Unternehmers wird durch einen Anspruch des Verbrauchers auf Nachweis eines angemessenen Leistungsersatzes ausgeglichen, um ihn so vor den Rechtsfolgen dieser Kündigung zu schützen.

(3) Der Verbraucher kann den Nachweis eines angemessenen Leistungsersatzes zu zumutbaren Bedingungen nach Absatz 1 auch dann verlangen, wenn er noch nicht gekündigt hat.

Absatz 3 stellt klar, dass der Verbraucher bei Vorliegen der Voraussetzungen des Absatzes 1 den Nachweis eines angemessenen Leistungsersatzes auch dann verlangen kann, wenn er eine Kündigung noch nicht ausgesprochen hat. Der Verbraucher soll sich nicht dem Risiko aussetzen müssen, nach der Kündigung ohne Unterkunft und Pflege- oder Betreuungsleistungen dazustehen.

(4) Wird in den Fällen des § 1 Absatz 2 ein Vertrag gekündigt, gelten die Absätze 1 bis 3 entsprechend. Der Unternehmer hat die Kosten des Umzugs in angemessenem Umfang nur zu tragen, wenn ein Vertrag über die Überlassung von Wohnraum gekündigt wird. Werden mehrere Verträge gekündigt, kann der Verbraucher den Nachweis eines angemessenen

Leistungsersatzes zu zumutbaren Bedingungen und unter der Voraussetzung des Satzes 2 auch die Übernahme der Umzugskosten von jedem Unternehmer fordern, dessen Vertrag gekündigt ist. Die Unternehmer haften
als Gesamtschuldner.

Absatz 4 stellt sicher, dass die Absätze 1 bis 3 auch für die Fälle
des § 1 Absatz 2 gelten. Nach **Satz 2** hat der Unternehmer die Umzugskosten des Verbrauchers in angemessenem Umfang zu tragen, wenn ein Vertrag über die Überlassung von Wohnraum gekündigt wird. Da in den Fällen des § 1 Absatz 2 mehrere Verträge
vorliegen, von denen nicht jeder auch die Überlassung von Wohnraum regeln muss, kann die Verpflichtung des Unternehmers, die
Umzugskosten zu tragen, nicht generell angeordnet werden.

Die **Sätze 3 und 4** ordnen die Gesamtschuldnerschaft im Sinne des
§ 421 BGB für diejenigen Unternehmer an, deren Verträge gekündigt sind. Der Verbraucher soll seine aus der Kündigung resultie-
renden Ansprüche gegenüber jedem dieser Unternehmer geltend
machen können. Hintergrund dieser Regelung ist die Erwägung,
dass der Verbraucher in den Fällen des § 1 Absatz 2 ein Leistungspaket eingekauft hat. Im Regelfall ist für den Verbraucher die
Abnahme eines solchen Bündels von Leistungen deswegen vorteil-
haft, weil er die verschiedenen Leistungen nicht einzeln organisieren muss. Die Vorzüge dieser Bündelung sollen nun durch die
Kündigung eines Vertrags oder mehrerer Verträge nicht ausgehe-
belt werden. Dem Verbraucher ist es nicht zuzumuten, sich die einzelnen Leistungen, die durch die Kündigung wegfallen, neu zu organisieren. Deshalb kann er jeden Unternehmer, dessen Vertrag
gekündigt ist, auf Nachweis eines Leistungsersatzes für alle Leistungen, die durch die Kündigung entfallen, in Anspruch nehmen.

§ 14 SICHERHEITSLEISTUNGEN

§ 14 ist an § 14 Absatz 2 Nummer 4 des Heimgesetzes angelehnt.
Absatz 2 regelt die Möglichkeit für den Unternehmer, vom Verbraucher Sicherheitsleistungen für die Erfüllung der Verbindlichkeiten
aus dem Vertrag zu verlangen, wenn mehrere Verträge abgeschlossen werden (§ 1 Absatz 2).

(1) Der Unternehmer kann von dem Verbraucher Sicherheiten für die
Erfüllung seiner Pflichten aus dem Vertrag verlangen, wenn dies im Vertrag vereinbart ist. Die Sicherheiten dürfen das Doppelte des auf einen

Monat entfallenden Entgelts nicht übersteigen. Auf Verlangen des Verbrauchers können die Sicherheiten auch durch eine Garantie oder ein sonstiges Zahlungsversprechen eines im Geltungsbereich dieses Gesetzes zum Geschäftsbetrieb befugten Kreditinstituts oder Kreditversicherers oder einer öffentlich-rechtlichen Körperschaft geleistet werden.

Nach Absatz 1 kann der Unternehmer von dem Verbraucher für die Erfüllung dessen Pflichten aus dem Vertrag Sicherheiten verlangen. Die Erbringung einer Sicherheitsleistung durch den Verbraucher muss im Vertrag vereinbart werden. Die Höhe der Sicherheitsleistungen ist auf das Doppelte des auf einen Monat entfallenden Entgelts beschränkt. Der Verbraucher kann verlangen, dass er die Sicherheiten auch in anderer Form als in Geldleistung erbringen darf. Dafür steht ihm die Garantie oder ein sonstiges Zahlungsversprechen eines im Geltungsbereich des Gesetzes zum Geschäftsbetrieb befugten Kreditinstituts oder Kreditversicherers oder einer öffentlich-rechtlichen Körperschaft zur Verfügung. Hierdurch ist der Verbraucher nicht darauf festgelegt, für die Hinterlegung der Kaution eigene liquide Mittel einzusetzen.

(2) In den Fällen des § 1 Absatz 2 gilt Absatz 1 mit der Maßgabe, dass der Unternehmer von dem Verbraucher für die Erfüllung seiner Pflichten aus dem Vertrag nur Sicherheiten verlangen kann, soweit der Vertrag die Überlassung von Wohnraum betrifft.

Absatz 2 gilt für die Fälle des § 1 Absatz 2. Der Unternehmer darf hier für die Erfüllung seiner Pflichten aus dem Vertrag nur Sicherheiten verlangen, soweit der Vertrag die Überlassung von Wohnraum betrifft. Diese Regelung ist erforderlich, weil in den Fällen des § 1 Absatz 2 mehrere Verträge vorliegen, von denen nicht jeder auch die Überlassung von Wohnraum betreffen muss. Es soll vermieden werden, dass der Unternehmer für reine Dienstleistungen die Erbringung einer Sicherheitsleistung durch den Verbraucher verlangen kann.

(3) Ist als Sicherheit eine Geldsumme bereitzustellen, so kann diese in drei gleichen monatlichen Teilleistungen erbracht werden. Die erste Teilleistung ist zu Beginn des Vertragsverhältnisses fällig. Der Unternehmer hat die Geldsumme von seinem Vermögen getrennt für jeden Verbraucher einzeln bei einem Kreditinstitut zu dem für Spareinlagen mit dreimonatiger Kündigungsfrist marktüblichen Zinssatz anzulegen. Die Zinsen stehen, auch soweit ein höherer Zinssatz erzielt wird, dem Verbraucher zu und erhöhen die Sicherheit.

Gemäß Absatz 3 kann der Verbraucher die vereinbarte Sicherheitsleistung zu drei gleichen monatlichen Teilleistungen erbringen, wenn er als Sicherheit eine Geldsumme bereitstellt, wobei die erste Teilleistung zu Beginn des Vertragsverhältnisses fällig wird. Der Unternehmer ist verpflichtet, die Geldsumme von seinem Vermögen getrennt für jeden Verbraucher einzeln bei einem Kreditinstitut anzulegen. Kreditinstitute sind solche, die in § 1 Absatz 1 des Gesetzes über das Kreditwesen legal definiert sind. Außerdem wird klargestellt, dass die Zinsen in voller Höhe dem Verbraucher zustehen, unabhängig davon, ob nur ein marktüblicher oder höherer Zinssatz erzielt worden ist. Diese Regelungen sind an § 551 Absatz 3 Satz 1 und 3 BGB angelehnt. Gegenüber der entsprechenden Regelung des Heimgesetzes (§ 14 Absatz 4) sind sie im Übrigen unverändert.

(4) Von Verbrauchern, die Leistungen nach den §§ 42 und 43 des Elften Buches Sozialgesetzbuch in Anspruch nehmen, oder Verbrauchern, denen Hilfe in Einrichtungen nach dem Zwölften Buch Sozialgesetzbuch gewährt wird, kann der Unternehmer keine Sicherheiten nach Absatz 1 verlangen. Von Verbrauchern, die Leistungen im Sinne des § 36 Absatz 1 Satz 1 des Elften Buches Sozialgesetzbuch in Anspruch nehmen, kann der Unternehmer nur für die Erfüllung der die Überlassung von Wohnraum betreffenden Pflichten aus dem Vertrag Sicherheiten verlangen.

Absatz 4 gilt für Verbraucher, die Leistungen nach den §§ 42 und 43 SGB XI in Anspruch nehmen, und für Verbraucher, denen Hilfe in Einrichtungen nach dem Zwölften Buch Sozialgesetzbuch gewährt wird. Der Unternehmer darf in diesen Fällen keine Sicherheiten von dem Verbraucher verlangen. Satz 2 legt fest, dass bei Verbrauchern, die häusliche Pflegehilfe im Sinne des § 36 Absatz 1 Satz 1 SGB XI in Anspruch nehmen, nur Sicherheitsleistungen für die Erfüllung des die Überlassung des Wohnraums betreffenden Pflichten des Verbrauchers vereinbart werden dürfen.

§ 15 BESONDERE BESTIMMUNGEN BEI BEZUG VON SOZIALLEISTUNGEN

§ 15 enthält eine Sonderregelung für Verträge mit Verbrauchern, die Leistungen nach dem Elften Buch Sozialgesetzbuch oder nach dem Zwölften Buch Sozialgesetzbuch in Anspruch nehmen.

(1) In Verträgen mit Verbrauchern, die Leistungen nach dem Elften Buch Sozialgesetzbuch in Anspruch nehmen, müssen die Vereinbarungen den Regelungen des Siebten und Achten Kapitels des Elften Buches Sozialgesetzbuch sowie den aufgrund des Siebten und Achten Kapitels des Elften Buches Sozialgesetzbuch getroffenen Regelungen entsprechen. Vereinbarungen, die diesen Regelungen nicht entsprechen, sind unwirksam.

Nach **Satz 1** müssen die Vereinbarungen zwischen dem Unternehmer und dem Verbraucher den Regelungen des Siebten und Achten Kapitels des Elften Buches Sozialgesetzbuch und den aufgrund dieser Vorschriften getroffenen Regelungen entsprechen. Weichen die vertraglichen Vereinbarungen hiervon ab, sind sie gemäß **Satz 2** unwirksam. Die durch die Nichtigkeit der jeweiligen Vertragsklausel entstehende Regelungslücke im Vertrag ist durch ergänzende Vertragsauslegung zu schließen. Damit kommt es wesentlich auf den hypothetischen Willen der Vertragsparteien an. Es ist darauf abzustellen, was die Parteien bei einer angemessenen Abwägung ihrer Interessen nach Treu und Glauben vereinbart hätten, wenn sie von der Unwirksamkeit der von ihnen getroffenen Regelung gewusst hätten.

(2) In Verträgen mit Verbrauchern, die Leistungen nach dem Zwölften Buch Sozialgesetzbuch in Anspruch nehmen, müssen die Vereinbarungen den aufgrund des Zehnten Kapitels des Zwölften Buches Sozialgesetzbuch getroffenen Regelungen entsprechen. Absatz 1 Satz 2 ist entsprechend anzuwenden.

Absatz 2 enthält eine dem Absatz 1 entsprechende Regelung für Verbraucher, die Empfänger von Sozialhilfeleistungen sind. Hier müssen die vertraglichen Vereinbarungen den aufgrund des Zehnten Kapitels des Zwölften Buches Sozialgesetzbuch getroffenen Regelungen entsprechen. Die Rechtsfolgen ergeben sich aus Satz 2 in Verbindung mit Absatz 1 Satz 2.

§ 16 UNWIRKSAMKEIT ABWEICHENDER VEREINBARUNGEN

Von den Vorschriften dieses Gesetzes zum Nachteil des Verbrauchers abweichende Vereinbarungen sind unwirksam.

Nach dieser Regelung sind Vereinbarungen zwischen den Vertragsparteien, die von den Vorschriften des Gesetzes zum Nachteil des Verbrauchers abweichen, unwirksam. Im Übrigen sind abweichende Vereinbarungen zulässig, soweit sie den Verbraucher nicht benachteiligen.

§ 17 ÜBERGANGSVORSCHRIFT

§ 17 regelt die Anwendung des Gesetzes auf Verträge, die vor In-krafttreten dieses Gesetzes geschlossen worden sind. Die Vor-schrift unterscheidet in Bezug auf Verträge, die vor dem Inkrafttre-ten des Gesetzes geschlossen worden sind, zwischen Verträgen, die Heimverträge im Sinne des § 5 Absatz 1 Satz 1 des Heimge-setzes sind, und übrigen Verträgen.
[Anm. d. Red.: Im Verlauf des Gesetzgebungsverfahrens wurden die Zeitpunkte um einen Monat nach hinten verschoben.]

(1) Auf Heimverträge im Sinne des § 5 Absatz 1 Satz 1 des Heimge-setzes, die vor dem 1. Oktober 2009 geschlossen worden sind, sind bis zum 30. April 2010 die §§ 5 bis 9 und 14 Absatz 2 Nummer 4, Absatz 4, 7 und 8 des Heimgesetzes in ihrer bis zum 30. September 2009 geltenden Fassung anzuwenden. Ab dem 1. Mai 2010 richten sich die Rechte und Pflichten aus den in Satz 1 genannten Verträgen nach diesem Gesetz. Der Unternehmer hat den Verbraucher vor der erforderlichen schriftlichen An-passung eines Vertrags in entsprechender Anwendung des § 3 zu informie-ren.

Gemäß Absatz 1 ist die Neuregelung für Heimverträge erst ab dem 1. April 2010 anwendbar. Bis zum 31. März 2010 bleiben die §§ 5 bis 9 und 14 Absatz 2 Nummer 4, Absatz 4, 7 und 8 des Heimge-setzes, die nach Artikel 3 zum 31. August 2009 außer Kraft treten, in ihrer bis dahin geltenden Fassung weiter anwendbar. Damit wird eine Frist zur Umstellung der Verträge eingeräumt. Die Vertrags-parteien erhalten genügend Zeit, um sich auf die neue Rechtslage einzustellen. Nach Satz 3 muss der Unternehmer den Verbraucher in entsprechender Anwendung des § 3 vor der schriftlichen Anpas-sung des Vertrags informieren.

(2) Auf die bis zum 30. September 2009 geschlossenen Verträge, die keine Heimverträge im Sinne des § 5 Absatz 1 Satz 1 des Heimgesetzes sind, ist dieses Gesetz nicht anzuwenden.

Auf die übrigen vor Inkrafttreten des Gesetzes geschlossenen Ver-träge findet das Gesetz gemäß Absatz 2 keine Anwendung.

IV. MUSTERHEIMVERTRAG

Im Folgenden soll anhand eines konkreten Heimvertrages für die stationäre Altenhilfe aufgezeigt werden, an welchen Stellen sich durch das WBVG Anpassungsbedarf ergibt. Als Vertragsmuster dient ein Vertragsentwurf, den der Caritasverband für die Erzdiözese Freiburg seinen Mitgliedern zur Verwendung empfiehlt.[4]

Hinweis für Einrichtungen der Behindertenhilfe:
Zum Zeitpunkt der Drucklegung dieses Buches gab es noch keinen Mustervertrag für den Bereich der Behindertenhilfe. Sobald der Geschäftsstelle des Caritas Behindertenhilfe und Psychiatrie e.V. (CBP) ein Vertrag vorliegt, kann dieser abgerufen werden unter cbp@caritas.de.

M U S T E R -
H E I M V E R T R A G

- vollstationäre Pflege -

---

[4] Der Vertrag wurde ausschließlich unter der Fragestellung geprüft, wo sich durch das WBVG Anpassungsbedarf ergibt. Eine darüber hinausgehende rechtliche Prüfung des Vertrages erfolgte nicht.

HEIMVERTRAG

- vollstationäre Pflege -

Zwischen dem

_____
(Name und Anschrift des Trägers der Einrichtung)

als Rechtsträger des

_____
(Name und Anschrift der Einrichtung)

vertreten durch

_____

und   - nachstehend **Heim** genannt -

Herrn / Frau

_____

geboren am

_____

wohnhaft in

_____

vertreten durch

_____

(gesetzlicher Vertreter / Betreuer)

- nachstehend **Bewohner** genannt -

wird folgender Heimvertrag abgeschlossen:

Der Heimträger und die Mitarbeiter des Heimes wissen sich in der Führung des Heimes den Zielen der Caritas der katholischen Kirche verpflichtet. Der Heimträger verfolgt mit der Führung der Einrichtung gemeinnützige bzw. mildtätige Zwecke im Sinne der Abgabenordnung. Er wird vom Caritasverband für die Erzdiözese Freiburg e. V. als Spitzenverband vertreten.

> **Hinweis:** Eine Befristung ist nach § 4 Absatz 1 WBVG möglich, wenn diese den Interessen des Verbrauchers nicht widerspricht.

§ 1 Vertragsdauer

Der Vertrag wird mit Wirkung vom _____ auf unbestimmte Zeit abgeschlossen.

> **Hinweis:** Nach § 6 Absatz 3 Nr. 1 WBVG muss der Vertrag eine Beschreibung der Leistungen nach Art, Inhalt und Umfang enthalten.

§ 2 Leistungen des Heims

(1) Das Heim hat mit den Verbänden der gesetzlichen Pflegekassen in Baden-Württemberg im Einvernehmen mit den überörtlichen Trägern der Sozialhilfe einen Versorgungsvertrag gemäß Sozialgesetzbuch - Elftes Buch (SGB XI) - Soziale Pflegeversicherung abgeschlossen und sich als zugelassene Pflegeeinrichtung zur pflegerischen Versorgung von Versicherten verpflichtet.

(2) Grundlage für die Erbringung der Leistungen des Heimes sind deshalb die Bestimmungen des Sozialgesetzbuches - Elftes Buch (SGB XI), des Rahmenvertrages für vollstationäre Pflege für das Land Baden-Württemberg gemäß § 75 SGB XI, der Bemessungsgrundsätze gemäß § 84 SGB XI und des Versorgungsvertrages gemäß § 72 SGB XI.

(3) Der Bewohner hat das Recht, die Bestimmungen des Sozialgesetzbuches - Elftes Buch (SGB XI), den Rahmenvertrag und den Versorgungsvertrag in der jeweils gültigen Fassung bei der Heimleitung einzusehen.

(4) Auf der Grundlage der genannten Bestimmungen erbringt das Heim die nachfolgend aufgeführten Leistungen:

§ 3 Überlassung von Wohnraum

(1)   Das Heim überlässt dem Bewohner

☐   das Einzelzimmer   Nr. _____

☐   das Doppelzimmer   Nr. _____

(2)   Der Wohnraum hat insgesamt _____ qm ist ausgestattet mit

☐   Diele
☐   Bad/WC
☐   Bad/WC in gemeinsamer Nutzung
☐   Telefonanschluss
☐   Briefkasten
☐   Gemeinschaftsantenne, Kabel- oder Satellitenanschluss

☐   _____

☐   _____

☐   _____

(3)   Der Wohnraum hat folgende Möblierung

☐   _____

☐   _____

☐   _____

(4)   Dem Bewohner werden folgende Schlüssel übergeben:

_____ Schlüssel   _____ Schlüsselnummer

Die Schlüsselaushändigung erfolgt gegen Quittung. Bei Schlüsselverlust wird durch das Heim auf Kosten des Bewohners Ersatz beschafft.
Das Heim verfügt über einen Generalschlüssel, um in dringenden Fällen Hilfe leisten zu können.
Durch die Bewohner dürfen zur Schließanlage gehörende Schlösser aus Sicherheitsgründen nicht angebracht werden.

(5)   Das Heim bietet folgende Gemeinschaftseinrichtungen und Funktionsräume an:

_____

_____

_____

Der Bewohner ist berechtigt, diese entsprechend ihrer Zweckbestimmung im individuell erforderlichen Umfang zu benutzen.

> **Hinweis:** Es dürfen hier keine Regelungen getroffen werden, welche die Rechte nach § 5 WBVG beeinträchtigen.

(6)   Für die Nutzung des Wohnraums gelten, soweit nichts Abweichendes geregelt wird, die allgemeinen mietrechtlichen Bestimmungen. Der Bewohner hat kein Recht zur Untervermietung.

(7)   Änderungen im Wohnraum oder Eingriffe und Umbauten in diesen dürfen nur mit ausdrücklicher Genehmigung des Heims ausgeführt werden.

(8)   Haustierhaltung ist nur mit Einverständnis der Heimleitung möglich.

§ 4 Unterkunft

(1)   Das Heim stellt die Versorgung mit Wasser, Strom und Heizung sowie Entsorgung von Abwasser und Abfall sicher.

(2)   Dem Heim obliegt die Sicherstellung der Wartung und des Unterhalts des Gebäudes, der technischen Anlagen, der zum Heim gehörenden Einrichtungs- bzw. Ausstattungsgegenstände und der Außenanlagen.

(3)   Dem Heim obliegt ferner die Bereitstellung, Instandhaltung und Reinigung der vom Heim zur Verfügung gestellten Lagerungshilfsmittel und Wäsche sowie das maschinelle Waschen und Bügeln der Wäsche und Kleidung des Bewohners, jedoch ohne chemische Reinigung.

(4)   Dem Heim obliegt die sachgerechte Reinigung des Wohnraums.

§ 5 Verpflegung

(1)   Das Heim bietet dem Bewohner folgende im Entgelt enthaltene tägliche Mahlzeiten an:
        1.   Frühstück
        2.   Mittagessen
        3.   Abendessen
        Darüber hinaus werden folgende zusätzliche Mahlzeiten (z.B. Zwischenmahlzeiten, Nachmittagskaffee) geboten:

1. _____

2. _____

(2) Dem Bewohner werden die notwendigen Getränke zur Deckung des täglichen Flüssigkeitsbedarfs (z.b. Kaffee, Tee, Mineralwasser, Milch) im erforderlichen Umfang zur Verfügung gestellt.

(3) Bei ärztlich begründetem Bedarf werden Schon- und Diätkost (z.b. Diabetesdiät) ohne Aufpreis angeboten.

(4) Wird ein Bewohner durch ausdrückliche ärztliche Anordnung auf Dauer ausschließlich mittels Sondenkost ernährt, so ist das Heim ab diesem Zeitpunkt zu einer Reduzierung des Entgeltes verpflichtet. Das Entgelt reduziert sich in der in § 10 Absatz 6 bezeichneten Höhe um den tatsächlich ersparten Lebensmittelaufwand.

§ 6 Pflegeleistungen und Leistungen der Behandlungspflege

(1) Inhalt der Pflegeleistungen sind die im Einzelfall erforderlichen Hilfen zur Unterstützung, zur teilweisen oder zur vollständigen Übernahme der Verrichtungen im Ablauf des täglichen Lebens oder zur Beaufsichtigung oder Anleitung mit dem Ziel der eigenständigen Übernahme dieser Verrichtungen.

(2) Hierzu zählen insbesondere:

(1) Hilfen bei der Körperpflege,

(2) Hilfen bei der Ernährung,

(3) Hilfen im Hinblick auf die Mobilität,

(4) Hilfen bei der persönlichen Lebensführung,

(5) soziale Betreuung.

(3) Inhalt und Umfang der Leistungen der medizinischen Behandlungspflege richten sich nach der ärztlichen Verordnung, soweit diese nicht vom behandelnden Arzt selbst erbracht werden.

(4) Die Durchführung und Organisation der Pflege richtet sich nach dem allgemeinen Stand der medizinisch-pflegerischen Erkenntnisse.

(5) Die Pflegeleistungen des Heimes werden gegenüber dem Bewohner entsprechend dem individuellen Erfordernis erbracht. Die Leistungserbringung wird in der Pflegedokumentation des Heimes dokumentiert.

(6) Leistungen der besonderen Krankenpflege gemäß § 37 a Sozialgesetzbuch - Fünftes Buch (SGB V) und der spezialisierten ambu-

lanten Palliativversorgung gemäß § 37 b SGB V werden von diesem Heimvertrag nicht erfasst, sondern bedürfen einer gesonderten Vereinbarung.

(7)   Therapeutische Leistungen z. B. der Physiotherapie und Ergotherapie sowie Maßnahmen der medizinischen Rehabilitation sind nicht Bestandteil dieses Vertrages. Sie werden vom Heim nach den Wünschen des Bewohners in Zusammenarbeit mit dem behandelnden Arzt vermittelt.

§ 7 Festlegung der Pflegeklasse

(1)   Der Bewohner ist aufgrund der Festsetzung durch die Pflegekasse

☐   nicht erheblich pflegebedürftig - Pflegebedarf unterhalb der Pflegestufe1;
      es wird Pflegeklasse G (gering pflegebedürftig) festgelegt.
☐   erheblich pflegebedürftig - Pflegestufe 1;
      es wird Pflegeklasse 1 festgelegt.
☐   schwer pflegebedürftig - Pflegestufe 2;
      es wird Pflegeklasse 2 festgelegt.
☐   schwerst pflegebedürftig - Pflegestufe 3;
      es wird Pflegeklasse 3 festgelegt.
☐   pflegebedürftig mit außergewöhnlich hohem und intensivem Pflegeaufwand;
      es wird Pflegeklasse H (Härtefall) festgelegt.

(2)   Für Bewohner, die keinen Antrag auf Einstufung als Pflegebedürftige bei einer Pflegekasse stellen bzw. stellen können, erfolgt die Festlegung der Pflegeklasse gemäß dem Grad der Pflegebedürftigkeit durch das Heim.

Hinweis: Auch die Erbringung der Zusatzleistungen unterliegt den Regelungen des WBVG!

§ 8 Zusatzleistungen

(1)   Das Heim bietet dem Bewohner über die in den §§ 2 bis 6 genannten Leistungen hinaus Zusatzleistungen an.

(2) Die Zusatzleistungen sind in der Anlage zu § 8 aufgeführt und werden zu den in der Anlage festgelegten Entgelten und Konditionen angeboten.

§ 9 Ärztliche Versorgung

(1) Das Recht der freien Arztwahl wird während der Dauer des Heimaufenthalts in vollem Umfang gewährleistet.

(2) Auf Wunsch vermittelt das Heim dem Bewohner ärztliche Hilfe.

Hinweis: Nach § 6 Absatz 3 Nr. 2 WBVG muss der Vertrag die Angabe der Entgelte getrennt nach den einzelnen Leistungen enthalten.

§ 10 Leistungsentgelte

(1) Das Heim berechnet dem Bewohner leistungsgerechte Entgelte, die es dem Heim bei sparsamer und wirtschaftlicher Betriebsführung ermöglichen, seinen Versorgungsauftrag zu erfüllen.

(2) Die jeweils gültigen Entgelte werden gemäß den Bestimmungen festgesetzt, die zwischen den Heimträgern/Heimträgerverbänden und den öffentlichen Leistungs- und Kostenträgern nach den einschlägigen Bestimmungen des Sozialgesetzbuch - Elftes Buch (SGB XI) und des Sozialgesetzbuch – Zwölftes Buch (SGB XII) vereinbart oder festgesetzt worden sind.

Der Bewohner hat das Recht, die Pflegesatzvereinbarung in der jeweils gültigen Fassung bei der Heimleitung einzusehen.

(3) Derzeit sind folgende kalendertägliche Entgelte vereinbart oder festgesetzt:

- Entgelt für Unterkunft   Euro _____

- Entgelt für Verpflegung   Euro _____

- Entgelt für Pflege in Pflegeklasse   Euro _____

- Pflege in Pflegeklasse 1   Euro _____

- Pflege in Pflegeklasse 2   Euro _____

- Pflege in Pflegeklasse 3   Euro _____

-      Pflege in Pflegeklasse H   Euro _____

(4)   Die Berechnung der betriebsnotwendigen, nicht öffentlich geförderten Investitionsaufwendungen richtet sich nach den hierfür geltenden Bestimmungen des Landespflegegesetzes für Baden-Württemberg.

Hierfür ist derzeit folgendes Entgelt festgesetzt:

                                    Euro _____

(5)   Die Berechnung des vom Heim zu zahlenden Anteils an der gesetzlich geregelten Umlage für die Altenpflegeausbildung richtet sich nach den Bestimmungen der Altenpflege-Ausbildungs-Ausgleichs-Verordnung von Baden-Württemberg.

Hierfür ist derzeit folgendes Entgelt festgesetzt:

                                    Euro _____

(6)   Das kalendertägliche Gesamtentgelt für den Bewohner setzt sich somit gemäß den Absätzen 1 bis 5 wie folgt zusammen:

Bereitstellung des Wohnraumes
(Entgelt für betriebsnotwendige, nicht öffentlich
geförderte Investitionsaufwendungen)   Euro _____

Entgelt für Unterkunft   Euro _____

Entgelt für Verpflegung   Euro _____

Entgelt für Pflegeleistungen

gemäß Pflegeklasse   _____   Euro _____

Entgelt für Umlage für die Altenpflegeausbildung   Euro _____

Das Gesamtentgelt pro Kalendertag beträgt somit   Euro _____

(7)   Im Falle der ärztlich angeordneten ausschließlichen Ernährung eines Bewohners mittels Sondenkost (vgl. § 5 Absatz 4) ermäßigt sich das Entgelt pro Kalendertag um

                                    Euro _____

Das Gesamtentgelt beträgt somit   **Euro** _____

Hinweis: Die Entgelte für die Zusatzleistungen müssen im Vertrag angegeben werden. Dies kann auch in einer Anlage geschehen, soweit diese Vertragsbestandteil wird.

---

(8)   Die Entgelte für Zusatzleistungen gemäß § 8 werden dem Bewohner zusätzlich in Rechnung gestellt.

> **Hinweis:** Gemäß § 7 Absatz 4 WBVG muss der Kostenanteil der Pflegekasse oder eines anderen Sozialleistungsträgers dem Verbraucher schriftlich mitgeteilt werden.

§ 11 Kostentragung, Fälligkeit und Zahlung des Entgelts

(1)   Die Pflegekasse übernimmt vom Entgelt für allgemeine Pflegeleistungen gemäß der von ihr im Einzelfall festgesetzten Pflegestufe einen monatlichen Anteil in Höhe des im Leistungsbescheid ausgewiesenen Betrages. Die Leistung der gesetzlichen Pflegekasse beträgt derzeit monatlich Euro _____. Etwaige Änderungen werden dem Bewohner schriftlich mitgeteilt.

(2)   Der Bewohner trägt die Kosten
1. für die betriebsnotwendigen, nicht öffentlich geförderten Investitionsaufwendungen
2. für Unterkunft
3. für Verpflegung
4. für den nicht von der Pflegekasse übernommenen Anteil der allgemeinen Pflegekosten
5. für die Umlage für die Altenpflegeausbildung
6. für individuelle Zusatzleistungen.

> **Hinweis:** Der Absatz setzt die Forderung des § 7 Absatz 4 WBVG um. Der Kostenanteil der Pflegekasse wurde oben angegeben.

(3)   Die Leistungen nach dem Sozialgesetzbuch - Elftes Buch (SGB XI) werden gemäß den pflegeversicherungsrechtlichen Bestimmungen bis zur jeweiligen Höchstgrenze unmittelbar mit den Pflegekassen abgerechnet.

(4)   Soweit Entgelte von der Pflegekasse oder einem sonstigen Kostenträger ganz oder teilweise nicht übernommen werden, ist das Heim berechtigt, die entstehenden Differenzbeträge unmittelbar vom Bewohner zu verlangen.

(5)   Bei Vorliegen der Voraussetzungen nach dem Sozialgesetzbuch – Zwölftes Buch (SGB XII) hat der Bewohner die Möglichkeit vom zuständigen Träger der Sozialhilfe Leistungen nach dem Sozialgesetzbuch – Zwölftes Buch (SGB XII) für die nicht von den Leistungen der Pflegekasse abgedeckten Entgeltbestandteile zu

beantragen. Ausgenommen hiervon sind die Entgelte für individuelle Zusatzleistungen.

> **Hinweis:** Sollte der Bewohner Sozialhilfeleistungen beziehen und rechnet das Heim direkt mit dem Sozialleistungsträger ab, dann ist dies dem Bewohner unter Angabe des Kostenanteils des Sozialleistungsträgers mitzuteilen (§ 7 Absatz 4 WBVG).

(6) Die vereinbarten Entgelte sind jeweils spätestens bis zum _____ eines laufenden Monats zu zahlen. Es wird empfohlen, dem Heim eine Einzugsermächtigung zu erteilen.

(7) Überzahlungen bzw. Nachforderungen sind spätestens mit der nächstfälligen Zahlung auszugleichen. Die Aufrechnung anderer Forderungen gegen das Entgelt ist ausgeschlossen, sofern die Forderung nicht unbestritten oder rechtskräftig festgestellt ist.

§ 12 Entgelte bei Abwesenheit

(1) Bei einer vorübergehenden Abwesenheit, die länger als 3 Tage dauert, berechnet das Heim 75 % des Entgeltes für Unterkunft und Verpflegung, 75 % des Entgeltes für die Pflegeleistungen und 100 % des Entgeltes für die Bereitstellung des Wohnraumes (Entgelt für betriebsnotwendige, nicht öffentlich geförderte Investitionsaufwendungen).

(2) Für eine urlaubsbedingte Abwesenheit gilt die Regelung des § 12 Abs. 1 für längstens 42 Tage Abwesenheit in einem Kalenderjahr. Die Abwesenheit ist rechtzeitig anzuzeigen. Abweichend hiervon verlängert sich der Abwesenheitszeitraum bei Krankenhausaufenthalten und bei Aufenthalten in Rehabilitationseinrichtungen für die Dauer dieser Aufenthalte.

> **Hinweis:** Eine solche Abwesenheitsregelung ist grundsätzlich möglich. Insbesondere ist die Pauschalierung des Anrechnungsbetrages zulässig. Im Hinblick auf Leistungsempfänger der Pflegeversicherung muss die Höhe des Anrechnungsbetrages aber immer den Vereinbarungen im Rahmenvertrag entsprechen.

Hinweis: Durch diesen Absatz wird § 8 WBVG umgesetzt. Die einseitige Anpassung durch den Unternehmer ist nur bei Leistungsempfängern der Pflegeversicherung und der Sozialhilfe möglich! Im Gegensatz zu § 6 Absatz 1 Satz Heimgesetz bezieht sich die Anpassung nicht nur auf das Entgelt, sondern auf den gesamten Vertrag. Dementsprechend wird in Satz 2 der Begriff Vertrag verwendet (§ 8 Absatz 2 WBVG). In den vorvertraglichen Informationen (§ 3 WBVG) ist auf die Voraussetzungen der Leistungs- und Entgeltveränderung bei Vertragsanpassung hinzuweisen. Hierzu gehört bei Leistungsempfängern der Pflegeversicherung und der Sozialhilfe auch der Hinweis auf die Möglichkeit der einseitigen Anpassung durch den Unternehmer!

§ 13 Leistungsänderung

(1) Verändert sich der pflegerische Aufwand insbesondere durch einen verbesserten oder verschlechterten Gesundheitszustand des Bewohners, so hat das Heim die Pflegeleistungen in entsprechendem Umfang anzupassen. Das Heim ist berechtigt, den Vertrag durch einseitige Erklärung in angemessenem Umfang entsprechend den angepassten Leistungen zu erhöhen oder abzusenken.

(2) Gemäß § 87 a Absatz 2 Sozialgesetzbuch - Elftes Buch (SGB XI) verpflichtet sich der Bewohner, unverzüglich bei der Pflegekasse die entsprechenden Anträge auf Neubegutachtung und Anpassung der Pflegestufe zu stellen und die Entscheidung der Pflegekasse dem Heim mitzuteilen.

(3) Bei einem Wechsel der Pflegestufe ist das Heim berechtigt, dem Bewohner das entsprechend geänderte Entgelt ab dem von der Pflegekasse festgesetzten Zeitpunkt zu berechnen. Erfolgt der Wechsel der Pflegestufe bei vorübergehender Abwesenheit des Bewohners aus dem Heim, so wird das geänderte Entgelt frühestens ab dem Tag der Rückkehr des Bewohners in das Heim berechnet. Die Höhe des geänderten Entgeltes wird dem Bewohner schriftlich mitgeteilt.

(4) Wird der Bewohner nach der gemeinsamen Beurteilung des Medizinischen Dienstes und der Pflegeleitung des Heimes abweichend von seiner Pflegestufe einer anderen Pflegeklasse zugeordnet (§ 84 Abs. 2 Satz 3 SGB XI), so wird das hierfür maßgebende Entgelt berechnet. Die abweichende Zuordnung zu einer anderen

Pflegeklasse wird dem Bewohner schriftlich mitgeteilt. Das danach maßgebende Entgelt ist ab dem folgenden Tag nach der Mitteilung zu zahlen.

> **Hinweis:** In den vorvertraglichen Informationen (§ 3 WBVG) muss bereits auf die Voraussetzungen für eine Entgelterhöhung hingewiesen werden!

§ 14 Änderung des Entgeltes

II.   Das Heim ist berechtigt, gemäß § 9 WBVG eine Erhöhung der Entgelte zu verlangen, wenn sich die bisherige Berechnungsgrundlage verändert und sowohl die Erhöhung als auch das erhöhte Entgelt angemessen sind. Das Heim ist unter diesen Voraussetzungen ferner berechtigt, die Entgelte nach den Vereinbarungen, die zwischen dem Heim/den Heimträgerverbänden und den öffentlichen Leistungs- und Kostenträgern nach den Bestimmungen des Sozialgesetzbuch - Elftes Buch (SGB XI) und des Sozialgesetzbuch - Zwölftes Buch (SGB XII) getroffen worden sind, zu verändern. Das Heim ist berechtigt, die Erhöhung der Entgelte durch einseitige Erklärung nach Maßgabe der gesetzlichen Bestimmungen vornehmen.

III.   Ändert sich die Berechnungsgrundlage für die betriebsnotwendigen, nicht öffentlich geförderten Investitionskosten, so ist das Heim berechtigt, dieses Entgelt nach Maßgabe der Bestimmungen des § 82 Absatz 4 des Sozialgesetzbuch - Elftes Buch (SGB XI) und von § 9 Absatz 1 Satz 3 WBVG durch einseitige Erklärung entsprechend anzupassen.

> **Hinweis:** Die Erhöhung der Entgelte für die Zusatzleistungen bestimmt sich ebenfalls nach § 9 WBVG!

IV.   Das Heim ist ferner berechtigt, die gemäß § 7 dieses Vertrages vereinbarten Entgelte für Zusatzleistungen entsprechend den Bestimmungen des Sozialgesetzbuch - Elftes Buch (SGB XI) und gemäß § 9 Absatz 1 Satz 3 WBVG im erforderlichen Umfang anzupassen. Bei einer Änderung des Entgelts für die Zusatzleistungen hat der Bewohner das Recht, die Inanspruchnahme der Zusatzleistungen zum Termin der Änderung fristlos zu kündigen.

V. Das Heim verpflichtet sich, Änderungen der Entgelte dem Bewohner spätestens vier Wochen vorher schriftlich mitzuteilen und zu begründen.

Hinweis: Die Beteiligung der Bewohner richtet sich nach Landesrecht, da die Frage der Mitbestimmungs- und Informationsrechte nicht durch das WBVG geregelt wird und auch mangels Gesetzgebungskompetenz nicht geregelt werden kann.

VI. Das Heim verpflichtet sich, bei der Erhöhung der Entgelte die Bewohner gemäß § 7 des Heimgesetzes für Baden-Württemberg in erforderlicher Weise zu beteiligen.

§ 15 Informations- und Mitwirkungspflichten

(1) Das Heim und der Bewohner verpflichten sich, alle Informationen, die zur Erfüllung dieses Vertrages notwendig sind, gegenseitig mitzuteilen.

(2) Der Bewohner verpflichtet sich, bei der zuständigen Pflegekasse die erforderlichen Anträge auf Leistungen und die Begutachtung durch den Medizinischen Dienst der Pflegekassen zu stellen.

(3) Der Bewohner willigt ein, dass der behandelnde Arzt die für die Pflege erforderlichen Informationen dem Heim zur Verfügung stellt und die vom Medizinischen Dienst der Pflegekassen erstellten Gutachten dem Heim ebenfalls zur Verfügung gestellt werden.

Hinweis: Diese Regelungen werden durch das WBVG nicht berührt.

(4) Er ist ferner verpflichtet, dem Heim alle Entscheidungen der zuständigen Pflegekasse sowie der sonstigen Kostenträger, insbesondere der Träger der Sozialhilfe unverzüglich mitzuteilen.

> **Hinweis:** Diese Regelungen werden durch das WBVG nicht berührt.

§ 16 Datenschutz und Schweigepflicht

(1) Das Heim verpflichtet sich zu einem vertraulichen Umgang mit personenbezogenen Daten des Bewohners. Deren Verarbeitung und Weitergabe erfolgt unter Beachtung der gesetzlichen und kirchlichen Bestimmungen über den Datenschutz, die Schweigepflicht und das Sozialgeheimnis.

(2) Es werden nur solche Informationen gespeichert und weitergegeben, die für die Erfüllung dieses Vertrages erforderlich sind.

(3) Der Bewohner hat das Recht auf Einsichtnahme der über ihn gespeicherten Daten.

> **Hinweis:** Diese Regelungen werden durch das WBVG nicht berührt.

§ 17 Beistand

(1) Der Bewohner kann zur Wahrnehmung seiner Interessen gegenüber dem Heim eine Person seines Vertrauens als Beistand hinzuziehen, die er schriftlich benennt.

(2) Der Beistand ist berechtigt, sich ebenso wie der Bewohner in allen Angelegenheiten an das Heim und den Heimbeirat / Heimfürsprecher zu wenden.

> **Hinweis:** Diese Regelungen werden durch das WBVG nicht berührt.

§ 18 Haftung

(1) Die gegenseitige Haftung der Vertragspartner richtet sich nach den gesetzlichen Bestimmungen.

(2) Dem Bewohner wird empfohlen, eine Privathaftpflichtversicherung und Sachversicherung abzuschließen.

(3) Die Aufbewahrung von Wertgegenständen und Geldbeträgen, sofern im Heim möglich, bedarf einer gesonderten Vereinbarung.

(4)   Elektrische Geräte und Verlängerungskabel dürfen vom Bewohner nur dann in die Wohnräume eingebracht und betrieben werden, wenn sie den einschlägigen Sicherheitsbestimmungen entsprechen. Der Nachweis hierüber obliegt dem Bewohner. Kabel dürfen in den Wohnräumen nur mit ausdrücklicher Genehmigung durch das Heim verlegt werden.

§ 19 Beendigung des Vertragsverhältnisses

(1)   Im gegenseitigen Einvernehmen kann das Vertragsverhältnis jederzeit beendet werden.

Hinweis: Das WBVG sieht diese Möglichkeit zwar nicht explizit vor, sie ist aber möglich, da sie den Verbraucher nicht benachteiligt.

(2)   Für Kündigungen des Heimvertrages gelten die Bestimmungen der §§ 11 bis 13 WBVG.

Hinweis: Das WBVG regelt die Kündigung des Vertrages detailliert (§§ 11 bis 13 WBVG). Von diesen Regelungen darf gemäß §16 WBVG nicht zum Nachteil des Verbrauchers abgewichen werden.

(3)   Der Bewohner kann den Vertrag spätestens am dritten Werktag eines Kalendermonats zum Ablauf desselben Monats schriftlich kündigen. Bei einer Erhöhung des Entgelts ist eine Kündigung jederzeit zu dem Zeitpunkt möglich, zu dem die Einrichtung die Erhöhung des Entgelts verlangt.

(4)   Innerhalb von zwei Wochen nach Beginn des Vertragsverhältnisses kann der Bewohner jederzeit ohne Einhaltung einer Frist kündigen. Wird dem Bewohner erst nach Beginn des Vertragsverhältnisses eine Ausfertigung des Vertrags ausgehändigt, kann der Bewohner auch noch bis zum Ablauf von zwei Wochen nach der Aushändigung kündigen.

(5)   Der Bewohner kann den Vertrag aus wichtigem Grund jederzeit ohne Einhaltung einer Kündigungsfrist kündigen, wenn ihm die Fortsetzung des Vertrags bis zum Ablauf der Kündigungsfrist nicht zuzumuten ist.

(6)   Das Heim kann den Heimvertrag nur aus wichtigem Grund kündigen.
Ein wichtiger Grund liegt insbesondere vor, wenn:
(1) der Betrieb des Heims eingestellt, wesentlich eingeschränkt oder in seiner Art verändert wird und die Fortsetzung des Heimvertrags für den Träger eine unzumutbare Härte bedeuten würde,

> **Hinweis:** Der Fall des § 12 § 12 Absatz 1 Nr. 2 WBVG (Kündigung bei Nichtannahme der vom Unternehmer angebotenen Vertragsanpassung durch den Verbraucher) braucht vorliegend nicht aufgenommen zu werden, da der Vertragsentwurf auf Verbraucher zugeschnitten ist, die Leistungsempfänger der Pflegeversicherung oder der Sozialhilfe sind. Bei diesem Personenkreis ist eine einseitige Vertragsanpassung nach § 8 Absatz 2 WBVG möglich. Der Kündigungsgrund kann dementsprechend nicht eintreten.

(2) der Bewohner seine vertraglichen Pflichten schuldhaft so gröblich verletzt, dass dem Heim die Fortsetzung des Vertrages nicht zugemutet werden kann,
(3) der Bewohner
für zwei aufeinander folgende Termine mit der Entrichtung des Entgelts oder eines Teils des Entgelts, der das Entgelt für einen Monat übersteigt, in Verzug ist oder
in einem Zeitraum, der sich über mehr als zwei Termine erstreckt, mit der Entrichtung des Entgelts in Höhe eines Betrags in Verzug gekommen ist, der das Entgelt für zwei Monate erreicht.
Die Kündigung durch das Heim bedarf der Schriftform und ist zu begründen.

> **Hinweis:** Mit Verbrauchern, die nicht Leistungsempfänger der Pflegeversicherung sind, kann hinsichtlich des überlassenen Wohnraums eine Fortgeltung des Vertrages bis zu zwei Wochen vereinbart werden (§ 4 Absatz 3 WBVG).

(6)   In den Fällen des Absatzes 6 Nr. 2 bis 4 kann das Heim den Vertrag ohne Einhaltung einer Frist kündigen. In den übrigen Fällen des Absatzes 6 ist die Kündigung spätestens am dritten Werktag eines Kalendermonats für den Ablauf des nächsten Monats zulässig.

(7)   Das Vertragsverhältnis endet außer durch Kündigung mit dem Tod des Bewohners.

Hinweis: Verwahrungsregelungen lässt das WBVG in § 4 Absatz 3 Satz 2 WBVG zu.

§ 20 Verwahrungsregelung

(1)   Bei Beendigung des Vertragsverhältnisses hat der Bewohner bzw. dessen Erben den Wohnraum und die dazugehörigen Abstellmöglichkeiten unverzüglich zu räumen und in ordnungsgemäßem Zustand, einschließlich aller Schlüssel, zurückzugeben.

(2)   Das Heim ist berechtigt, bis zum Zeitpunkt der vollständigen und ordnungsgemäßen Räumung des Wohnraums und der dazugehörigen Abstellmöglichkeiten für den Verbleib des persönlichen Besitzes im Heim eine Verwahrungsgebühr im Höhe vom € _____ kalendertäglich zu verlangen.

(3)   Für den Fall, dass die Räumung nach Beendigung des Vertragsverhältnisses nicht unverzüglich ordnungsgemäß vorgenommen wurde, ist das Heim berechtigt, die Räumung selbst vorzunehmen und den persönlichen Besitz bzw. den Nachlass einzulagern oder dies durch einen Dritten vorzunehmen zu lassen. Die Kosten werden dem Bewohner bzw. dem oder den Erben in Rechnung gestellt.

Hinweis: Das Beschwerderecht wird durch das WBVG nicht berührt.

§ 21 Beschwerderecht

Der Bewohner hat das Recht, sich gemäß § 5 Absatz 9 des Heimgesetzes für Baden-Württemberg bei Nichteinhaltung der Vertragsbedingungen mündlich oder schriftlich bei der Heimleitung zu beschweren. Daneben kann der Bewohner sich auch beim Träger, bei der zuständigen Heimaufsichtsbehörde oder der Arbeitsgemeinschaft nach § 21 Absatz 5 des Heimgesetzes für Baden-Württemberg beraten lassen oder beschweren. Die entsprechenden Anschriften werden dem Vertrag als Anlage beigefügt.

Hinweis: Auch in diesem Fall ist die vorvertragliche Informationspflicht (§ 3 WBVG) zu beachten.

§ 22 Sonstige Bestimmungen

(1)   Durch den Abschluss dieses Heimvertrages werden frühere vertragliche Regelungen außer Kraft gesetzt. Gleiches gilt für damit

verbundene Nebenabreden, Vertragsänderungen und -anpassungen.

(2) Sollte eine der Bestimmungen dieses Vertrages nicht wirksam sein oder werden oder sollte sich in dem Vertrag eine Lücke herausstellen, so wird hierdurch die Gültigkeit des Vertrages im Übrigen nicht berührt.

(3) Die in diesem Vertrag genannten Anlagen sind Bestandteil dieses Vertrages.

(4) Dem Verbraucher wurden im Rahmen der vorvertraglichen Informationspflicht (§ 3 WBVG) folgende Unterlagen ausgehändigt:

_____

In Bezug auf diese Unterlagen ergeben sich folgende Abweichungen:

_____

Die Unterlagen nach Satz 1 unter Berücksichtigung der Abweichungen nach Satz 2 sind Bestandteil des Vertrages.

Hinweis: Die vorvertraglichen Informationen des Unternehmers (§ 3 WBVG) müssen als Vertragsgrundlage benannt werden. Mögliche Abweichungen von den vorvertraglichen Informationen sind darüber hinaus kenntlich zu machen. Letzteres erfordert bei jedem Vertragsschluss die kritische Prüfung, zu welchem Zeitpunkt und mit welchem Inhalt der Verbraucher informiert wurde und ob sich in der Zwischenzeit Änderungen beispielsweise hinsichtlich Entgelt, Leistungskonzept oder bei den Ergebnissen der Qualitätsprüfung ergeben haben.

_____   _____
Ort, Datum   Ort, Datum

_____   _____
Für den Heimträger   Bewohner / gesetzl. Vertreter / Betreuer

117

V. ANHANG

1. AUSZUG AUS DEM ALTEN HEIMGESETZ

vom 15.11.2001 (BGBl I, 2970) in der Fassung vom 31.10.2006, BGBl I, 2407):

§ 5 HEIMVERTRAG

(1) Zwischen dem Träger und der künftigen Bewohnerin oder dem künftigen Bewohner ist ein Heimvertrag abzuschließen. Der Inhalt des Heimvertrags ist der Bewohnerin oder dem Bewohner unter Beifügung einer Ausfertigung des Vertrags schriftlich zu bestätigen.

(2) Der Träger hat die künftigen Bewohnerinnen und Bewohner vor Abschluss des Heimvertrags schriftlich über den Vertragsinhalt zu informieren und sie auf die Möglichkeiten späterer Leistungs- und Entgeltveränderungen hinzuweisen.

(3) Im Heimvertrag sind die Rechte und Pflichten des Trägers und der Bewohnerin oder des Bewohners, insbesondere die Leistungen des Trägers und das von der Bewohnerin oder dem Bewohner insgesamt zu entrichtende Heimentgelt, zu regeln. Der Heimvertrag muss eine allgemeine Leistungsbeschreibung des Heims, insbesondere der Ausstattung, enthalten. Im Heimvertrag müssen die Leistungen des Trägers, insbesondere Art, Inhalt und Umfang der Unterkunft, Verpflegung und Betreuung einschließlich der auf die Unterkunft, Verpflegung und Betreuung entfallenden Entgelte angegeben werden. Außerdem müssen die weiteren Leistungen im Einzelnen gesondert beschrieben und die jeweiligen Entgeltbestandteile hierfür gesondert angegeben werden.

(4) Wird die Bewohnerin oder der Bewohner nur vorübergehend aufgenommen, so umfasst die Leistungspflicht des Trägers alle Betreuungsmaßnahmen, die während des Aufenthalts erforderlich sind.

(5) In Verträgen mit Personen, die Leistungen nach den §§ 41, 42 und 43 des Elften Buches Sozialgesetzbuch in Anspruch nehmen (Leistungsempfänger der Pflegeversicherung), müssen Art, Inhalt und Umfang der in Absatz 3 genannten Leistungen sowie die jeweiligen Entgelte den im Siebten und Achten Kapitel oder den aufgrund des Siebten und Achten Kapitels des Elften Buches Sozialgesetzbuch getroffenen Regelungen (Regelungen der Pflegeversicherung) entsprechen sowie die gesondert berechenbaren Investitionskosten (§ 82 Abs. 3 und 4 des Elften Buches Sozialgesetzbuch)

gesondert ausgewiesen werden. Entsprechen Art, Inhalt oder Umfang der Leistungen oder Entgelte nicht den Regelungen der Pflegeversicherung, haben sowohl der Leistungsempfänger der Pflegeversicherung als auch der Träger einen Anspruch auf entsprechende Anpassung des Vertrags.

(6) In Verträgen mit Personen, denen Hilfe in Einrichtungen nach dem Zwölften Buch Sozialgesetzbuch gewährt wird, müssen Art, Inhalt und Umfang der in Absatz 3 genannten Leistungen sowie die jeweiligen Entgelte den aufgrund des Zehnten Kapitels des Zwölfen Buches Sozialhilfegesetzbuch getroffenen Vereinbarungen entsprechen. Absatz 5 Satz 2 findet entsprechende Anwendung.

(7) Das Entgelt sowie die Entgeltbestandteile müssen im Verhältnis zu den Leistungen angemessen sein. Sie sind für alle Bewohnerinnen und Bewohner eines Heims nach einheitlichen Grundsätzen zu bemessen. Eine Differenzierung ist zulässig, soweit eine öffentliche Förderung von betriebsnotwendigen Investitionsaufwendungen nur für einen Teil eines Heims erfolgt ist. Eine Differenzierung nach Kostenträgern ist unzulässig. Abweichend von Satz 4 ist eine Differenzierung der Entgelte insofern zulässig, als Vergütungsvereinbarungen nach dem Zehnten Kapitels des Zwölften Buches Sozialgesetzbuch über Investitionsbeträge oder gesondert berechnete Investitionskosten getroffen worden sind.

(8) Im Heimvertrag ist für Zeiten der Abwesenheit der Bewohnerin oder des Bewohners eine Regelung vorzusehen, ob und in welchem Umfang eine Erstattung ersparter Aufwendungen erfolgt. Die Absätze 5 und 6 finden Anwendung.

(9) Werden Leistungen unmittelbar zu Lasten eines gesetzlichen Leistungsträgers erbracht, ist die Bewohnerin oder der Bewohner unverzüglich schriftlich unter Mitteilung des Kostenanteils hierauf hinzuweisen.

(10) Der Träger hat die künftige Bewohnerin oder den künftigen Bewohner bei Abschluss des Heimvertrags schriftlich auf sein Recht hinzuweisen, sich beim Träger, bei der zuständigen Behörde oder der Arbeitsgemeinschaft nach § 20 Abs. 5 beraten zu lassen sowie sich über Mängel bei der Erbringung der im Heimvertrag vorgesehenen Leistungen zu beschweren. Zugleich hat er die entsprechenden Anschriften mitzuteilen.

(11) Erbringt der Träger die vertraglichen Leistungen ganz oder teilweise nicht oder weisen sie nicht unerhebliche Mängel auf, kann die Bewohnerin oder der Bewohner unbeschadet weitergehender zivilrechtlicher Ansprüche bis zu sechs Monate rückwirkend eine angemessene Kürzung des vereinbarten Heimentgelts verlangen. Dies gilt nicht, soweit nach § 115 Abs. 3 des Elften Buches Sozialgesetzbuch wegen desselben Sachverhaltes ein Kürzungsbetrag vereinbart oder festgesetzt worden ist. Bei Personen, de-

nen Hilfe in Einrichtungen nach dem Zwölften Buch Sozialgesetzbuch gewährt wird, steht der Kürzungsbetrag bis zur Höhe der erbrachten Leistungen vorrangig dem Träger der Sozialhilfe zu. Versicherten der Pflegeversicherung steht der Kürzungsbetrag bis zur Höhe ihres Eigenentgelts am Heimentgelt zu; ein überschießender Betrag ist an die Pflegekasse auszuzahlen.

(12) War die Bewohnerin oder der Bewohner zu dem Zeitpunkt der Aufnahme in ein Heim geschäftsunfähig, so gilt der von ihr oder ihm geschlossene Heimvertrag in Ansehung einer bereits bewirkten Leistung und deren Gegenleistung, soweit diese in einem angemessenen Verhältnis zueinander stehen, als wirksam.

§ 6 ANPASSUNGSPFLICHT

(1) Der Träger hat seine Leistungen, soweit ihm dies möglich ist, einem erhöhten oder verringerten Betreuungsbedarf der Bewohnerin oder des Bewohners anzupassen und die hierzu erforderlichen Änderungen des Heimvertrags anzubieten. Sowohl der Träger als auch die Bewohnerin oder der Bewohner können die erforderlichen Änderungen des Heimvertrags verlangen. Im Heimvertrag kann vereinbart werden, dass der Träger das Entgelt durch einseitige Erklärung in angemessenem Umfang entsprechend den angepassten Leistungen zu senken verpflichtet ist und erhöhen darf.

(2) Der Träger hat die Änderungen der Art, des Inhalts und des Umfangs der Leistungen sowie gegebenenfalls der Vergütung darzustellen. § 5 Abs. 3 Satz 3 und 4 findet entsprechende Anwendung.

(3) Auf die Absätze 1 und 2 finden § 5 Abs. 5 bis 7 und § 7 Abs. 4 Satz 1 und Abs. 5 Satz 1 entsprechende Anwendung.

§ 7 ERHÖHUNG DES ENTGELTS

(1) Der Träger kann eine Erhöhung des Entgelts verlangen, wenn sich die bisherige Berechnungsgrundlage verändert und sowohl die Erhöhung als auch das erhöhte Entgelt angemessen sind. Entgelterhöhungen aufgrund von Investitionsaufwendungen des Heims sind nur zulässig, soweit sie nach der Art des Heims betriebsnotwendig sind und nicht durch öffentliche Förderung gedeckt werden.

(2) Die Erhöhung des Entgelts bedarf außerdem der Zustimmung der Bewohnerin oder des Bewohners. In dem Heimvertrag kann vereinbart wer-

den, dass der Träger berechtigt ist, bei Vorliegen der Voraussetzungen des Absatzes 1 das Entgelt durch einseitige Erklärung zu erhöhen.

(3) Die Erhöhung des Entgelts wird nur wirksam, wenn sie vom Träger der Bewohnerin oder dem Bewohner gegenüber spätestens vier Wochen vor dem Zeitpunkt, an dem sie wirksam werden soll, schriftlich geltend gemacht wurde und die Begründung anhand der Leistungsbeschreibung und der Entgeltbestandteile des Heimvertrags unter Angabe des Umlagemaßstabs die Positionen beschreibt, für die sich nach Abschluss des Heimvertrags Kostensteigerungen ergeben. Die Begründung muss die vorgesehenen Änderungen darstellen und sowohl die bisherigen Entgeltbestandteile als auch die vorgesehenen neuen Entgeltbestandteile enthalten. § 5 Abs. 3 und 5 bis 9 gilt entsprechend. Die Bewohnerin oder der Bewohner sowie der Heimbeirat müssen Gelegenheit erhalten, die Angaben des Trägers durch Einsichtnahme in die Kalkulationsunterlagen zu überprüfen.

(4) Bei Leistungsempfängern der Pflegeversicherung wird eine Erhöhung des Entgelts außerdem nur wirksam, soweit das erhöhte Entgelt den Regelungen der Pflegeversicherung entspricht. Absatz 2 Satz 1 findet keine Anwendung. Der Träger ist verpflichtet, Vertreterinnen und Vertreter des Heimbeirats oder den Heimfürsprecher rechtzeitig vor der Aufnahme von Verhandlungen über Leistungs- und Qualitätsvereinbarungen sowie über Vergütungsvereinbarungen mit den Pflegekassen anzuhören und ihnen unter Vorlage nachvollziehbarer Unterlagen die wirtschaftliche Notwendigkeit und Angemessenheit der geplanten Erhöhung zu erläutern. Außerdem ist der Träger verpflichtet, Vertreterinnen und Vertretern des Heimbeirats oder dem Heimfürsprecher Gelegenheit zu einer schriftlichen Stellungnahme zu geben. Diese Stellungnahme gehört zu den Unterlagen, die der Träger rechtzeitig vor Beginn der Verhandlungen den als Kostenträgern betroffenen Vertragsparteien vorzulegen hat. Vertreterinnen und Vertreter des Heimbeirats oder der Heimfürsprecher sollen auf Verlangen vom Träger zu den Verhandlungen über Leistungs- und Qualitätsvereinbarungen sowie über Vergütungsvereinbarungen hinzugezogen werden. Sie sind über den Inhalt der Verhandlungen, soweit ihnen im Rahmen der Verhandlungen Betriebsgeheimnisse bekannt geworden sind, zur Verschwiegenheit verpflichtet. Absatz 3 findet Anwendung.

(5) Bei Personen, denen Hilfe in Einrichtungen nach dem Zwölften Buch Sozialgesetzbuch gewährt wird, wird eine Erhöhung des Entgelts nur wirksam, soweit das erhöhte Entgelt den Vereinbarungen nach dem Zehnten Kapitel des Zwölften Buches Sozialgesetzbuch entspricht. Vertreterinnen und Vertreter des Heimbeirats oder der Heimfürsprecher sollen auf Verlangen vom Träger an den Verhandlungen über Leistungs-, Vergü-

tungs- und Prüfungsvereinbarungen hinzugezogen werden. Im Übrigen findet Absatz 4 entsprechende Anwendung.

(6) Eine Kündigung des Heimvertrags zum Zwecke der Erhöhung des Entgelts ist ausgeschlossen.

§ 8 VERTRAGSDAUER

(1) Der Heimvertrag wird auf unbestimmte Zeit geschlossen, soweit nicht im Einzelfall eine befristete Aufnahme der Bewohnerin oder des Bewohners beabsichtigt ist oder eine vorübergehende Aufnahme nach § 1 Abs. 3 vereinbart wird.

(2) Die Bewohnerin oder der Bewohner kann den Heimvertrag spätestens am dritten Werktag eines Kalendermonats für den Ablauf desselben Monats schriftlich kündigen. Bei einer Erhöhung des Entgelts ist eine Kündigung abweichend von Satz 1 jederzeit für den Zeitpunkt möglich, an dem die Erhöhung wirksam werden soll. Der Heimvertrag kann aus wichtigem Grund ohne Einhaltung einer Kündigungsfrist gekündigt werden, wenn der Bewohnerin oder dem Bewohner die Fortsetzung des Heimvertrags bis zum Ablauf der Kündigungsfrist nicht zuzumuten ist. Hat in den Fällen des Satzes 3 der Träger den Kündigungsgrund zu vertreten, hat er der Bewohnerin oder dem Bewohner eine angemessene anderweitige Unterkunft und Betreuung zu zumutbaren Bedingungen nachzuweisen und ist zum Ersatz der Umzugskosten in angemessenem Umfang verpflichtet. Im Falle des Satzes 3 kann die Bewohnerin oder der Bewohner den Nachweis einer angemessenen anderweitigen Unterkunft und Betreuung auch dann verlangen, wenn sie oder er noch nicht gekündigt hat. § 115 Abs. 4 des Elften Buches Sozialgesetzbuch bleibt unberührt.

(3) Der Träger kann den Heimvertrag nur aus wichtigem Grund kündigen. Ein wichtiger Grund liegt insbesondere vor, wenn

1. der Betrieb des Heims eingestellt, wesentlich eingeschränkt oder in seiner Art verändert wird und die Fortsetzung des Heimvertrags für den Träger eine unzumutbare Härte bedeuten würde,

2. der Gesundheitszustand der Bewohnerin oder des Bewohners sich so verändert hat, dass ihre oder seine fachgerechte Betreuung in dem Heim nicht mehr möglich ist,

3. die Bewohnerin ihre oder der Bewohner seine vertraglichen Pflichten schuldhaft so gröblich verletzt, dass dem Träger die Fortsetzung des Vertrags nicht mehr zugemutet werden kann, oder

4. die Bewohnerin oder der Bewohner

a) für zwei aufeinander folgende Termine mit der Entrichtung des Entgelts oder eines Teils des Entgelts, der das Entgelt für einen Monat übersteigt, im Verzug ist oder

b) in einem Zeitraum, der sich über mehr als zwei Termine erstreckt, mit der Entrichtung des Entgelts in Höhe eines Betrags in Verzug gekommen ist, der das Entgelt für zwei Monate erreicht.

(4) In den Fällen des Absatzes 3 Nr. 4 ist die Kündigung ausgeschlossen, wenn der Träger vorher befriedigt wird. Sie wird unwirksam, wenn bis zum Ablauf von zwei Monaten nach Eintritt der Rechtshängigkeit des Räumungsanspruchs hinsichtlich des fälligen Entgelts der Träger befriedigt wird oder eine öffentliche Stelle sich zur Befriedigung verpflichtet.

(5) Die Kündigung durch den Träger bedarf der schriftlichen Form; sie ist zu begründen.

(6) In den Fällen des Absatzes 3 Nr. 2 bis 4 kann der Träger den Vertrag ohne Einhaltung einer Frist kündigen. In den Übrigen Fällen des Absatzes 3 ist die Kündigung spätestens am dritten Werktag eines Kalendermonats für den Ablauf des nächsten Monats zulässig.

(7) Hat der Träger nach Absatz 3 Nr. 1 und 2 gekündigt, so hat er der Bewohnerin oder dem Bewohner eine angemessene anderweitige Unterkunft und Betreuung zu zumutbaren Bedingungen nachzuweisen. In den Fällen des Absatzes 3 Nr. 1 hat der Träger die Kosten des Umzugs in angemessenem Umfang zu tragen.

(8) Mit dem Tod der Bewohnerin oder des Bewohners endet das Vertragsverhältnis. Vereinbarungen über eine Fortgeltung des Vertrags hinsichtlich der Entgeltbestandteile für Wohnraum und Investitionskosten sind zulässig, soweit ein Zeitraum von zwei Wochen nach dem Sterbetag nicht überschritten wird. In diesen Fällen ermäßigt sich das Entgelt um den Wert der von dem Träger ersparten Aufwendungen. Bestimmungen des Heimvertrags über die Behandlung des im Heim befindlichen Nachlasses sowie dessen Verwahrung durch den Träger bleiben wirksam.

(9) Wenn die Bewohnerin oder der Bewohner nur vorübergehend aufgenommen wird, kann der Heimvertrag von beiden Vertragsparteien nur aus wichtigem Grund gekündigt werden. Die Absätze 2 bis 8 sind mit Ausnahme des Absatzes 3 Satz 2 Nr. 2 und 3 und des Absatzes 8 Satz 1 nicht anzuwenden. Die Kündigung ist ohne Einhaltung einer Frist zulässig. Sie bedarf der schriftlichen Form und ist zu begründen.

(10) War die Bewohnerin oder der Bewohner bei Abschluss des Heimvertrages geschäftsunfähig, so kann der Träger eines Heimes das Heimverhältnis nur aus wichtigem Grund für gelöst erklären. Absatz 3 Satz 2, Ab-

sätze 4, 5, 6, 7, 8 Satz 1 und Absatz 9 Satz 1 bis 3 finden insoweit entsprechende Anwendung.

§ 9 ABWEICHENDE VEREINBARUNGEN

Vereinbarungen, die zum Nachteil der Bewohnerin oder des Bewohners von den §§ 5 bis 8 abweichen, sind unwirksam.

...

§ 14 LEISTUNGEN AN TRÄGER UND BESCHÄFTIGTE

(1) Dem Träger ist es untersagt, sich von oder zugunsten von Bewohnerinnen und Bewohnern oder den Bewerberinnen und Bewerbern um einen Heimplatz Geld- oder geldwerte Leistungen über das nach § 5 vereinbarte Entgelt hinaus versprechen oder gewähren zulassen.
(2) Dies gilt nicht, wenn
1. andere als die in § 5 aufgeführten Leistungen des Trägers abgegolten werden,
2. geringwertige Aufmerksamkeiten versprochen oder gewährt werden,
3. Leistungen im Hinblick auf die Überlassung eines Heimplatzes zum Bau, zum Erwerb, zur Instandsetzung, zur Ausstattung oder zum Betrieb des Heims versprochen oder gewährt werden,
4. Sicherheiten für die Erfüllung der Verpflichtungen aus dem Heimvertrag geleistet werden und diese Leistungen das Doppelte des auf einen Monat entfallenden Entgelts nicht übersteigen. Auf Verlangen der Bewohnerin oder des Bewohners können diese Sicherheiten auch durch Stellung einer selbstschuldnerischen Bürgschaft eines Kreditinstituts oder einer öffentlich-rechtlichen Körperschaft geleistet werden.
(3) Leistungen im Sinne des Absatzes 2 Nr. 3 sind zurückzugewähren, soweit sie nicht mit dem Entgelt verrechnet worden sind. Sie sind vom Zeitpunkt ihrer Gewährung an mit mindestens 4 vom Hundert für das Jahr zu verzinsen, soweit der Vorteil der Kapitalnutzung bei der Bemessung des Entgelts nicht berücksichtigt worden ist. Die Verzinsung oder der Vorteil der Kapitalnutzung bei der Bemessung des Entgelts sind der Bewohnerin oder dem Bewohner gegenüber durch jährliche Abrechnungen nachzuweisen. Die Sätze 1 bis 3 gelten auch für Leistungen, die von oder zugunsten von Bewerberinnen und Bewerbern erbracht worden sind.
(4) Ist nach Absatz 2 Nr. 4 als Sicherheit eine Geldsumme bereitzustellen, so ist die Bewohnerin oder der Bewohner zu drei gleichen monatlichen Teilleistungen berechtigt. Die erste Teilleistung ist zu Beginn des Ver-

tragsverhältnisses fällig. Der Träger hat die Geldsumme von seinem Vermögen getrennt für jede Bewohnerin und jeden Bewohner einzeln bei einer öffentlichen Sparkasse oder einer Bank zu dem für Spareinlagen mit dreimonatiger Kündigungsfrist marktüblichen Zinssatz anzulegen. Die Zinsen stehen, auch soweit ein höherer Zinssatz erzielt wird, der Bewohnerin oder dem Bewohner zu und erhöhen die Sicherheit. Abweichende Vereinbarungen zum Nachteil der Bewohnerin oder des Bewohners sind unzulässig.

(5) Der Leitung, den Beschäftigten oder sonstigen Mitarbeiterinnen oder Mitarbeitern des Heims ist es untersagt, sich von oder zugunsten von Bewohnerinnen und Bewohnern neben der vom Träger erbrachten Vergütung Geld- oder geldwerte Leistungen für die Erfüllung der Pflichten aus dem Heimvertrag versprechen oder gewähren zu lassen. Dies gilt nicht, soweit es sich um geringwertige Aufmerksamkeiten handelt.

(6) Die zuständige Behörde kann in Einzelfällen Ausnahmen von den Verboten der Absätze 1 und 5 zulassen, soweit der Schutz der Bewohnerinnen und Bewohner die Aufrechterhaltung der Verbote nicht erfordert und die Leistungen noch nicht versprochen oder gewährt worden sind.

(7) Das Bundesministerium für Familie, Senioren, Frauen und Jugend kann im Einvernehmen mit dem Bundesministerium für Wirtschaft und Technologie und dem Bundesministerium für Gesundheit und mit Zustimmung des Bundesrates durch Rechtsverordnung Vorschriften über die Pflichten des Trägers im Falle der Entgegennahme von Leistungen im Sinne des Absatzes 2 Nr. 3 erlassen, insbesondere über die Pflichten

1. ausreichende Sicherheiten für die Erfüllung der Rückzahlungsansprüche zu erbringen,

2. die erhaltenen Vermögenswerte getrennt zu verwalten,

3. dem Leistenden vor Abschluss des Vertrags die für die Beurteilung des Vertrags erforderlichen Angaben, insbesondere über die Sicherung der Rückzahlungsansprüche in schriftlicher Form auszuhändigen.

In der Rechtsverordnung kann ferner die Befugnis des Trägers zur Entgegennahme und Verwendung der Leistungen im Sinne des Absatzes 2 Nr. 3 beschränkt werden sowie Art, Umfang und Zeitpunkt der Rückzahlungspflicht näher geregelt werden. Außerdem kann in der Rechtsverordnung der Träger verpflichtet werden, die Einhaltung seiner Pflichten nach Absatz 3 und der nach den Sätzen 1 und 2 erlassenen Vorschriften auf seine Kosten regelmäßig sowie aus besonderem Anlass prüfen zu lassen und den Prüfungsbericht der zuständigen Behörde vorzulegen, soweit es zu einer wirksamen Überwachung erforderlich ist; hierbei können die Einzelheiten der Prüfung, insbesondere deren Anlaß, Zeitpunkt und Häufigkeit, die

Auswahl, Bestellung und Abberufung der Prüfer, deren Rechte, Pflichten und Verantwortlichkeit, der Inhalt des Prüfungsberichts, die Verpflichtungen des Trägers gegenüber dem Prüfer sowie das Verfahren bei Meinungsverschiedenheiten zwischen dem Prüfer und dem Träger geregelt werden.

(8) Absatz 2 Nr. 4 gilt nicht für Versicherte der Pflegeversicherung und für Personen, denen Hilfe in Einrichtungen nach dem Zwölften Buch Sozialgesetzbuch gewährt wird.

Bundesarbeitsgemeinschaft der Freien Wohlfahrtspflege

2. STELLUNGNAHME DER BUNDESARBEITSGE-MEINSCHAFT DER FREIEN WOHLFAHRTSPFLE-GE E. V. (BAGFW)

zum Entwurf eines Gesetzes zur Neuregelung der zivilrechtlichen Vorschriften des Heimgesetzes nach der Förderalismusreform - Einführung eines Wohn- und Betreuungsvertragsgesetzes (WBVG)

I. EINLEITUNG

Die BAGFW bedankt sich für die Gelegenheit zur Stellungnahme zum Gesetzentwurf des WBVG. Im Folgenden wird zunächst auf die Fragen des Fragenkatalogs eingegangen. Im Übrigen verweisen wir auf die ausführlichere Stellungnahme unter Ziffer III, in der zu allen als kritisch betrachteten Vorschriften in der Reihenfolge der Paragrafen Vorschläge unterbreitet werden.

II. FRAGENKATALOG

1. Wie bewerten Sie die Regelungen des Gesetzentwurfs unter dem Gesichtspunkt des Verbraucherschutzes?

Die Neuregelung der zivilrechtlichen Vorschriften des Heimgesetzes nach der Föderalismusreform noch in dieser Legislaturperiode wird begrüßt. Eine Integration der Regelungen ins BGB wäre allerdings zu bevorzugen, um Normenklarheit herzustellen und abgestufte Regelungen ausgehend vom allgemeinen Schuldrecht zu entwickeln. Der Gesetzentwurf ist dennoch eine Grundlage, um in der noch verbleibenden Zeit zu einer tragfähigen Lösung zu kommen. Verbraucherschutz bedeutet in diesem Zusammenhang rechtliche Klarheit und Transparenz. Dieses Ziel ist noch nicht in allen Teilen des Gesetzentwurfs erreicht.

2. Welche Auswirkungen wird dieses Gesetz auf die derzeitigen Heimbewohnerinnen und Heimbewohner haben? Müssen alle 709.000 in Heimen lebenden Menschen nach Inkrafttreten des Gesetzes einen neuen Heimvertrag abschließen?

§ 17 WBVG-E sieht vor, dass auf bestehende Heimverträge i.S.d. § 5 Abs. 1 S. 1 HeimG, die vor dem 1. Sept. 2009 geschlossen worden sind, die zivilrechtlichen Vorschriften des Heimgesetzes Anwendung finden sollen. Ab dem 1. April 2010 sind die Verträge nach dem WBVG-E anzupassen und die Bewohner vorab gem. § 3 WBVG-E zu informieren.

Dem Grunde nach müssen danach alle bestehenden Heimverträge, die bis zum 1. Sept. 2009 geschlossen wurden, zum 1. April 2010 umgestellt und vorher rechtzeitig darüber informiert werden, was bei den Einrichtungen einen erheblichen bürokratischen Aufwand nach sich ziehen und bei Bewohner/innen eher zu Verunsicherung führen wird. Dabei ist zu berücksichtigen, dass auch die Menschen, die in Behindertenhilfeeinrichtungen leben, von der Vertragsumstellung betroffen sind. Daher schlagen wir vor, die Übergangsfrist von 6 Monaten auf 12 Monate zu verlängern.

3. Inwiefern können die Regelungen des WBVG-E zu vorvertraglichen und vertraglichen Informationspflichten und zum Vertragsinhalt den Verbraucherschutz für pflege- und betreuungsbedürftige Personen im Alltag tatsächlich verbessern?

Eine Verbesserung des Verbraucherschutzes kann nur erreicht werden, wenn die Regeln verständlich und transparent sind und einen allseits anerkannten Interessenausgleich zwischen Verbrauchern und Unternehmern herbeiführen. Dafür dürfen insbesondere in Notsituationen durch die Informations- und Vertragspflichten keine unüberwindbaren Hürden errichtet werden, die den Zugang zu den Hilfsangeboten erschweren könnten. Im Einzelnen sei auf Folgendes hingewiesen:

a) Rechtsfolgen bei Verstoß gegen Informationspflichten

<u>Gesetzentwurf:</u> Nach § 3 Abs. 4 kann der Verbraucher bei Verstoß gegen die Informationspflichten gemäß den Absätzen 1 bis 3 jederzeit ohne Einhaltung einer Frist gemäß § 6 Abs. 2 S. 2 kündigen.

<u>Bewertung:</u> Grundsätzlich sind die Regelungen zu den Informationspflichten der Unternehmen im Sinne der Gewährleistung von Leistungstransparenz und als Voraussetzung selbstbestimmter Entscheidungen der Verbraucher zu begrüßen. Unverhältnismäßig sind jedoch die Rechtsfolgen in § 3 Abs. 4. In vielen Fällen wird die umfassende Informationspflicht in der Praxis nicht einzuhalten sein. Ist beispielsweise ein geschäftsunfähiger oder dementiell erkrankter Verbraucher nach einem Krankenhausaufenthalt rasch in eine vollstationäre Pflegeeinrichtung auf-

zunehmen und ist zu diesem Zeitpunkt noch kein Betreuer oder Bevollmächtigter bestellt, kann die erforderliche Information nicht rechtzeitig zur Verfügung gestellt werden. In solchen Fällen ist ein sofortiges fristloses Kündigungsrecht des Bewohners unbillig. Der Bewohner ist durch die allgemeine Kündigungsmöglichkeit gemäß § 11 Abs. 1 hinreichend geschützt.

Lösungsvorschlag: Die Rechtsfolgen von § 3 Abs. 4 werden auf die Kündigungsfristen nach § 11 Abs. 1 beschränkt.

b)   Leistungs- und Entgeltveränderungen

Gesetzentwurf: Nach § 3 Abs. 3 Nr. 4 gehört zur Information über die für den Verbraucher in Betracht kommenden Leistungen auch die Darstellung der Voraussetzungen für mögliche Leistungs- und Entgeltveränderungen.

Bewertung: Als „Voraussetzung" für mögliche Leistungs- und Entgeltveränderungen kommen prinzipiell viele vorhersehbare, aber auch nicht vorhersehbare Ursachen und Umstände im Einzelfall in Frage. Diese mögen in der Person des Heimbewohners, aber auch in der Institution der Einrichtung begründet sein. Die Darstellung der Voraussetzungen für Leistungs- und Entgeltveränderungen sollten daher im Einklang mit der Gesetzesbegründung auf die Vertragsanpassung bei Änderung des Pflege- und Betreuungsbedarfs beschränkt werden.

Lösungsvorschlag: § 3 Abs. 3 Nr. 4 ist wie folgt zu ergänzen: „der Voraussetzungen für mögliche Leistungs- und Entgeltveränderungen gemäß § 8 Abs. 1 und 2".

4.   Sollte aus Ihrer Sicht im Gesetz die Selbstständigkeit der Personen (bspw. ein Recht auf eigenen Hausschlüssel/Recht auf gleichgeschlechtliche Assistenz/ Erlaubnis für Arbeitsassistenz- und Blindenhunde/ uneingeschränktes Besuchsrecht / Kontaktmöglichkeiten zum Heimbeirat / nachteilsfreie Beschwerdemöglichkeiten für angestellte Pflegekräfte klar geregelt werden?

Der vorgelegte Gesetzentwurf dient der Regelung der zivilrechtlichen Vorschriften des Heimgesetzes nach der Föderalismusreform. Die Regelung ordnungsrechtlicher Fragen obliegt den Bundesländern. Die leistungsrechtlichen Fragen sind in den einzelnen Leistungsgesetzen zu verankern. Die aufgeführten Beispiele sind im Wesentlichen ordnungsrechtlichen oder leistungsrechtlichen Bereichen zuzuordnen, so dass von einer Regelung im Kontext des Vertragsrechts Abstand zu nehmen ist. Sie würde wegen der möglichen Gesetzeskonkurrenzen auch nicht zur Klarheit beitragen.

5. **Welche allgemein rechtlichen, über die im Gesetz hinausge-
henden Regelungen ergeben sich durch den Wechsel von der
Bezeichnung als „Bewohner/in" im Heim-gesetz zur
Verbrauchereigenschaft nach § 13 BGB?**

Erstmals werden in dem Gesetzentwurf zur Beschreibung der Vertragspartner die Begriffe Verbraucher und Unternehmer eingeführt. In der Begründung wird dabei ein Bezug zu §§ 13 und 14 BGB hergestellt. Die Regelungen sind im BGB im Kontext des EU-Rechts eingeführt worden. Es
wird bezweifelt, ob die Übernahme der im BGB definierten Begriffe in
dem beschriebenen Rechtsverhältnis zur Klarheit beitragen kann. Wenn
davon ausgegangen wird, dass der Anwendungsbereich wie sonst im Zivil-
recht im Ansatz die Beschreibung ei-nes Vertragstypus beinhaltet, ist es
auch im Kontext der Beschreibung der anderen besonderen Schuldverhält-
nisse üblich, Begriffe zu verwenden, die einen Bezug zum beschriebenen
Schuldverhältnis haben. So wird im Mietrecht zum Beispiel von Mieter
und Vermieter, im Recht der Geschäftsbesorgung von Auftragnehmer und
Auftraggeber usw. gesprochen. Das Heimgesetz spricht bisher von Be-
wohner/innen und den Trägern der Einrichtung. Diese Wortwahl wurde
auch in den meisten neuen „Heimgesetzen" der Bundesländer bzw. deren
Entwürfen übernommen (s. z.B. Bayern, Baden-Württemberg, Schleswig-
Holstein, Saarland, Nordrhein-Westfalen; eine Ausnahme bildet Berlin, in
dem für die Bewohner das Wort „Menschen" verwandt wird). Bereits
durch die Begriffswahl wird in der Regel deutlich, worum es geht. Davon
wird hier durch die Einführung der Begriffe Verbraucher und Unternehmer abgewichen. Sollte mit der Begriffswahl ein Anknüpfungspunkt
für die Anwendbarkeit des Gesetzes über die Allgemeinen Geschäftsbe-
dingungen geschaffen werden, wäre dies auch mit einem Hinweis auf die
Anwendbarkeit von § 310 Abs. 3 BGB möglich.
Es wird daher vorgeschlagen, anstatt von Verbrauchern und Unternehmern
von Bewohnern und Trägern zu sprechen.

6. **Im Referentenentwurf des WBVG wurde älteren Menschen, die
in Wohnformen leben, bei denen Wohnraum mit der Erbringung, Vorhaltung und Vermittlung von Pflege- und Betreuungsleistungen verbunden ist, ein weitreichender Schutzbedarf
zugebilligt. Inwiefern sehen Sie im jetzigen Gesetzentwurf des
WBVG den Verbraucherschutz für ältere Menschen in Wohnformen in den oben benannten Wohnformen noch berücksichtigt?**

In dem Referentenentwurf wurde die Vermittlung von Pflege- und
Betreuungsleistungen und nicht die Erbringung und Vorhaltung dersel-

ben in den Anwendungsbereich aufgenommen. Weggefallen ist in dem aktuellen Gesetzentwurf nur die Vermittlung.

Die Wohnformen des sog. „betreuten Wohnens" gehörten bereits nach den derzeit gültigen Regelungen des Heimgesetzes nicht zum Anwendungsbereich. Dadurch hat sich eine vielfältige Angebotslandschaft entwickelt, die durch die vorliegende Gesetzesinitiative nicht behindert werden sollte. Der Verbraucherschutz für ältere Menschen in den genannten Wohnformen wird ausreichend u. a. über die zivilrechtlichen Regelungen z.b. im BGB geschützt.

7.   Wie bewerten Sie die Regelungen zum Anwendungsbereich?

Die Schaffung eines besonderen Gesetzes für Wohn- und Betreuungsverträge bildet die aktuellen Diskussionen in der Eingliederungshilfe zum Thema „Inklusion" und „UN-Konvention", die ähnlich auch in der Pflege geführt werden, nicht ab. Die aktuellen fachlichen Konzepte in der Eingliederungshilfe zur Teilhabesicherung und der Pflege zielen darauf, den Leistungsberechtigten ein selbstbestimmtes Leben in einem normalen Wohnumfeld zu ermöglichen. Ziel ist die Aufhebung von Sonderwelten, um durch Inklusion behinderte und pflegebedürftige Menschen zu gleichberechtigten Mitgliedern der Gesellschaft hinsichtlich ihrer Rechte und Pflichten zu machen. Es soll weder eine rechtliche Bevorzugung noch Benachteiligung erfolgen. Getragen von dem Verbraucherschutzgedanken hat der Gesetzentwurf das Schutzinteresse der Bewohner hier dem Inklusionsgedanken vorangestellt. Es ist nicht Aufgabe dieses Gesetzgebungsverfahrens, ein allgemeines Senioren-Verbraucherschutzgesetz zu schaffen. Vielmehr geht es wie im bisherigen Heimgesetz darum, einen gesteigerten Verbraucherschutz zu gewährleisten für Personen, die sich in eine besondere institutionelle Abhängigkeit begeben. Außerdem geht es darum, ausbalancierte Regelungen für den typengemischten „Heimvertrag" zu schaffen bzw. zu erhalten.

Unabhängig davon bedarf die Definition des Anwendungsbereichs zur Sicherstellung von Transparenz und Verlässlichkeit an einigen Stellen noch der Klarstellung. Hingewiesen sei hier insbesondere auf Folgendes:

a) Unbestimmte Rechtsbegriffe beim Anwendungsbereich (§ 1)

Gesetzentwurf: § 1 Abs. 2 Ziffer 3 erstreckt den Anwendungsbereich des Gesetzentwurfs auf den Fall, dass der Unternehmer den Abschluss des Vertrags über die Überlassung von Wohnraum vom Abschluss des Vertrags über die Erbringung von Pflege- und Betreuungsleistungen zwar nicht durch rechtliche Verbindung der Verträge, aber durch <u>tatsächliche</u> Verbindung abhängig macht. Nach Satz 2 soll das Gesetz auch dann gelten, wenn die Überlassung von Wohnraum und die Erbringung von Pflege-

und Betreuungsleistungen in verschiedenen Verträgen und zudem mit mehreren Unternehmern vereinbart werden, die rechtlich oder wirtschaftlich miteinander verbunden sind.

Bewertung: Die BAGFW begrüßt die Zielsetzung des Gesetzgebers, die Umgehung der Vorschriften durch insbesondere gesellschaftsrechtliche Gestaltungen zu verhindern und den Anwendungsbereich des Gesetzes auf die Fälle der doppelten Abhängigkeit des Verbrauchers zu beschränken. Der Gesetzentwurf verwendet jedoch mit den Begriffen „tatsächliche Verbindung" der Verträge und „rechtliche oder wirtschaftliche Verbundenheit" der Unternehmen unbestimmte Rechtsbegriffe, aufgrund derer es in der Rechtspraxis zu Rechtsunsicherheiten kommen kann, welche durch die Rechtsprechung erst mit erheblicher zeitlicher Verzögerung verringert werden wird.

Darüber hinaus macht die Regelung des § 1 Abs. 2 Nr. 3 keinen Sinn, weil selbst bei faktischer Koppelung der Verträge im Kontext des Einzugs die Vertragswerke eine jederzeitige getrennte Kündigungsmöglichkeit des Dienstleistungsverhältnisses und des Mietverhältnisses zulassen müssen. Ansonsten wären § 1 Abs. 2 Nr. 1 und Nr. 2 anwendbar.

Weiterhin ist die Praktikabilität der Beweislastregel des § 1 Abs. 2 Satz 2 WBVG-E inakzeptabel, weil nur schwer bewiesen werden kann, was nicht vorhanden ist.

Lösungsvorschlag: § 1 Abs. 2 Ziffer 3 ist zu streichen.

§ 1 Abs. 2 S. 2 ist, wie folgt, zu verändern: „Das Gleiche gilt, wenn die Voraussetzungen nach Abs. 2 Satz 1 bei Leistungen vorliegen, die von verschiedenen Unternehmen geschuldet werden, wenn diese rechtlich oder wirtschaftlich miteinander verknüpft sind."

Im Übrigen wird vorgeschlagen, dass Teile der Gesetzesbegründung zu den Begriffen der „rechtlichen oder wirtschaftlichen Verbindung" in den Gesetzestext aufgenommen werden.

b)   Ausnahmen vom Anwendungsbereich (§ 2)

Zu den Ausnahmen vom Anwendungsbereich wird auf die Ausführungen zu Frage 10 verwiesen.

8.   Nicht anzuwenden ist das Gesetz, wenn der Vertrag neben der Überlassung von Wohnraum ausschließlich die Erbringung von „allgemeinen Betreuungsleistungen" zum Gegenstand hat. Ist eine solche Formulierung praxisgerecht und sind die im Gesetz genannten Beispiele für diese Betreuungsleistungen ausreichend?

Gesetzentwurf: § 1 Abs. 1 S. 3 sieht vor, dass das Gesetz nicht anzuwenden ist, wenn der Vertrag neben der Überlassung von Wohnraum ausschließlich die Erbringung von „allgemeinen Betreuungsleistungen" zum Gegenstand hat. Als Beispiele für „allgemeine Betreuungsleistungen" werden die typischen Leistungen des Servicewohnens wie die Vermittlung von Pflege- und Betreuungsleistungen oder hauswirtschaftlichen Leistungen sowie die Bereitstellung eines Notrufdienstes genannt.

Bewertung: Der Begriff „allgemeine Betreuungsleistungen" in § 1 Abs. 1 S. 3 WBVG kann zu Rechtsunklarheiten führen, da auf Grund der begrifflichen Ähnlichkeit die Abgrenzung zu den Betreuungsleistungen i.S.d. Satzes 1 erschwert ist. Dabei kann auch die sehr gute Aufzählung der Beispiele in der Rechtspraxis möglicherweise nicht ausreichend zur Rechtsklarheit beitragen.

Lösungsvorschlag: Der Begriff „allgemeine Betreuungsleistungen" in § 1 Abs. 1 Satz 3 soll durch den Begriff „sonstige unterstützende Dienstleistungen" ersetzt werden.

9. Inwiefern gelingt es dem vorliegenden WBVG-E, den Verbraucherschutz für pflege- und betreuungsbedürftige Personen zu verbessern, ohne neue bürokratische Hürden für neuartige Wohnformen und Betreuungskonzepte in der offenen Altenhilfe zu errichten?

Der bürokratische Aufwand ist insbesondere im Hinblick auf die Umstellung, die Informationspflichten, die Vertragsgestaltung usw. nicht unerheblich. Um die Entwicklung neuer Wohnformen nicht zu beeinträchtigen ist daher insbesondere erforderlich, die Anforderungen rechtssicher zu gestalten. Das ist noch nicht an allen Stellen gelungen. Verwiesen wird hier insoweit auf die Ausführungen zum Anwendungsbereich in §§ 1 und 2 aber auch die Befristungsmöglichkeiten in § 4 Abs. 1.

10. Welche Wohnformen werden durch den Gesetzentwurf erfasst und welche sollten Ihrer Auffassung nach erfasst werden bzw. nicht unter dieses Gesetz fallen, da bisher im GE eine Definition von „Betreutem Wohnen" fehlt?

In den Anwendungsbereich des Gesetzes fallen alle stationären und ambulanten Wohn- und Versorgungsformen, bei denen eine Kopplung der Verträge über die Überlassung von Wohnraum mit Verträgen über Pflege- und Betreuungsleistungen besteht. Damit fallen auch ambulant betreute Wohngemeinschaften unter das Gesetz, sofern die Bewohner/innen nicht frei über die Wahl des Anbieters von Pflege- und Betreuungsleistungen entscheiden können. Der Anwendungsbereich soll aus Sicht der BAGFW in der vorliegenden Weise mit Ausnahme von § 1 Abs. 2 Nr. 3 definiert werden. Ausdrücklich auszunehmen aus dem Anwendungsbereich nach § 2

sind die Tages- und Nachtpflege sowie Leistungen in stationären oder ambulanten Wohnformen für psychisch kranke oder suchtkranke Menschen
nach dem SGB XII, sofern der Aufenthalt in den betreffenden Einrichtungen nur vorübergehender Natur ist. Das Gleiche gilt auch für die Kurzzeitpflege, da der Aufenthalt dort nur vorübergehender Natur ist und Qualitätssicherung sowie Leistungsgestaltung im Pflegevertrag vereinbart werden könnten. Einrichtungen des Service-Wohnens sollen nicht in den Anwendungsbereich dieses Gesetzes fallen, sofern die Überlassung von
Wohnraum mit nur sonstigen unterstützenden Dienstleistungen außerhalb
von Pflege- und Betreuungsleistungen verbunden ist.

11. **Welche Wechselwirkungen bestehen zwischen dem vertrags-
bezogenem Anwendungsbereich im WBVG und den einrich-
tungsbezogenen Anwendungsbereichen der (Länder-) Heimgesetze und wie wirken sich diese Ihrer Meinung nach aus?**

Da noch nicht alle Länder eigene Heimgesetze erlassen haben und der
Anwendungsbereich in den unterschiedlichen Ländergesetzen voneinander
abweichen kann, ist diese Frage nur bedingt zu beantworten. In den meisten Landesheimgesetzen fallen auch ambulant betreute Wohnformen in
den Bereich des Gesetzes, sofern die Verträge zur Wohnraumüberlassung
und über Pflege und Betreuung faktisch und rechtlich gekoppelt sind und
damit Wohnen und Pflege nicht selbstverantwortlich organisiert werden
können. Aus Sicht der BAGFW sollen die Landesheimgesetze jedoch nur
die ordnungsrechtliche Dimension der Wohn- und Betreuungsformen regeln. Die zivilrechtliche Perspektive des Vertragsrechts fällt ausschließlich
in die Regelungskompetenz des Bundes, wie im Gesetzentwurf zum
WBVG vorgesehen. Die BAGFW vermag derzeit nicht einzuschätzen, ob
es zu Unvereinbarkeiten zwischen den Landesheimgesetzen und dem
WBVG kommen kann.

12. **Wie beurteilen Sie die Entscheidung, Wohnformen, bei denen
Wohnraum mit der Erbringung, Vorhaltung und Vermittlung
von Pflege- und Betreuungsleistungen verbunden ist, aus dem
Gesetzentwurf zu streichen, aber die als allgemein benannten
„Wohngemeinschaften" dem WBVG zu unterstellen?**

Aus Sicht der BAGFW sollen Formen des Betreuten Wohnens, bei denen
sonstige unterstützende Dienstleistungen wie die bloße Vermittlung von
Pflege- und Betreuungsleistungen, Reinigungsdienste und die Vorhaltung
eines Notrufdienstes aus dem Anwendungsbereich des Gesetzes ausgeschlossen sein. Wohngemeinschaften im stationären Bereich fallen ohnehin in den Anwendungsbereich des WBVG.

13. Wie bewerten Sie die in dem Gesetzentwurf enthaltenen Regelungen, die sich auf Veränderungen des Vertragsverhältnisses beziehen (z.B. Kündigung, Unternehmenswechsel)?

Auf Einzelheiten wird in den nachfolgenden speziellen Fragen noch spezifisch eingegangen. Grundsätzlich lässt sich sagen, dass die im Gesetz vorgesehenen Regelungen zu Änderungen des Vertragsverhältnisses die unterschiedlichen rechtlichen Konstellationen recht differenziert abbilden. Bei den Regelungen zur Kündigung durch den Verbraucher ist die fristlose Kündigung innerhalb der ersten zwei Wochen gemäß § 11 Abs. 2 zu streichen. Eine derartige Regelung ist dem gesamten Schuldrecht fremd und stellt eine inakzeptable Belastung der Träger dar, deren finanzielle Auswirkungen von keiner Seite kompensiert werden. Vereinbarungen über ein befristetes Probewohnen können auf Grundlage der allgemeinen Befristungsregelungen hinreichend geschlossen werden.

14. Erhebliche Schwierigkeiten hat es in der Vergangenheit gegeben bezüglich der Weiterberechnung nach dem Todestag. Wird mit der entsprechenden Regelung im WBVG die notwendige Harmonisierung mit dem SGB XI erreicht und eine für alle Beteiligten sachgerechte Lösung gefunden?

Gesetzentwurf: § 4 Abs. 3 ermöglicht den Vertragsparteien, über den Tod des Verbrauchers hinaus für die Zeit von maximal zwei Wochen die Fortgeltung des Vertrags zu vereinbaren. Nach § 15 Abs. 1 gilt dies allerdings nicht für Personen, die Leistungen nach dem SGB XI in Anspruch nehmen.

Bewertung: Die BAGFW begrüßt die Möglichkeit des § 4 Abs. 3. Unverständlich ist allerdings, dass der Gesetzgeber diese Möglichkeit für Leistungsempfänger des SGB XI ausschließt, denn das Entgelt für Wohnraum und die gesondert berechenbaren Investitionskostenanteile sind ohnehin vom Verbraucher selbst zu tragen. Insoweit sind die Regelungen des SGB XI mit den Regelungen des WBVG harmonisiert worden. Aus Verbrauchersicht ist es nicht nachvollziehbar, warum Angehörigen oder Erben von Leistungsbeziehern nach dem SGB XI im Unterschied zu den Angehörigen oder Erben reiner Selbstzahler eine angemessene Trauerzeit verwehrt werden soll.

Formulierungsvorschlag: § 87a SGB XI ist daher an § 4 Abs. 3 WBVG anzupassen. In § 87a Abs. 1 Satz 2 sollen daher nach dem Wort „endet" folgende Wörter eingefügt werden: „hinsichtlich der Pflegesätze im Sinne des § 84 SGB XI".

Sollte dieser Vorschlag nicht konsentierbar sein, wird angeregt, § 15 WBVG-E zu streichen.

15. **Wie beurteilen Sie die Regelungen des Gesetzentwurfs zu Vertragsschluss, - dauer, Kündigung, Entgelterhöhung und Wechsel der Vertragsparteien hinsichtlich der Harmonisierung mit sozialrechtlichen Regelungen?**

Vertragsdauer
Gesetzentwurf: § 4 Abs. 1 bestimmt, dass eine Befristung des Vertrages nur zulässig ist, wenn sie die Gesamtdauer von drei Monaten nicht überschreitet. Im Übrigen sind Verträge auf unbefristete Zeit zu schließen.
Bewertung: Es ist nicht nachvollziehbar, warum die Vertragsdauer von befristeten Verträgen auf drei Monate begrenzt werden soll. Mit dieser Regelung kann z.b. eine Befristung des Vertragsverhältnisses wegen befristeter Einstufung in eine Pflegestufe nach § 33 SGB XI erfasst werden. Im Kontext der Eingliederungshilfe hingegen haben Bewohner häufig Interesse an längeren befristeten Vertragsverhältnissen, z.b. wenn der Sozialhilfeträger Leistungsentscheidungen nur für 4 Monate oder vorläufig gewährt. Zudem gibt es Patienten, beispielsweise in der rehabilitativen Phase nach einem Krankenhausaufenthalt, die einen Vertrag für die Dauer von z. B. 4 Monaten, aber nicht unbefristet schließen wollen, weil absehbar ist, dass sich ihr Gesundheitszustand wieder erheblich verbessert.
Formulierungsvorschlag: Da die vorgesehne Regelung mit leistungs- und sozialrechtlichen Normen kollidieren kann, ist die dreimonatige Höchstdauer der Befristung in § 4 Abs. 1 Satz 2 aus dem Gesetz zu streichen.

Vertragsabschluss
Grundsätzlich sind die Regelungen zum Vertragsabschluss zu begrüßen. Probleme sieht die BAGFW hinsichtlich der Wirksamkeit von Verträgen, welche geschäftsunfähige Personen abschließen. Diese können mit sozialrechtlichen Regelungen kollidieren, wie folgende Fallkonstellation zeigt: Eine geschäftsunfähige Person, die nach Krankenhausaufenthalt in ein Heim aufgenommen wird und Anspruch auf Leistungen nach dem SGB XI hat, schließt einen Vertrag mit der vollstationären Einrichtung. Diese erbringt ihre Leistungen pflichtgemäß vollumfänglich nach § 43 SGB XI. Abweichend von § 105 BGB, nach dem Verträge von Geschäftsunfähigen nichtig sind, wird in § 4 Abs. 2 WBVG bis zur Genehmigung durch den Betreuer die schwebende Unwirksamkeit des Vertrages angeordnet. Trotz dieser schwebenden Unwirksamkeit des Vertrags soll dieser Vertrag nach dem WBVG nun hinsichtlich der bewirkten Leistung und Gegenleistung wirksam sein. Aus der Formulierung wird nicht deutlich, ob nur die bewirkte Gegenleistung oder auch die nicht bewirkte Gegenleistung einer bewirkten Leistung gemeint ist. Es ist klarzustellen, dass auch hinsichtlich der nicht bewirkten Gegenleistung diese zu erbringen ist. Ansonsten könnten durch diese Regelung die Einrichtungen unangemessen benachteiligt

werden, wenn sie in gutem Glauben Leistungen erbringen und gemäß des SGB XI auch erbringen müssen, die Gegenleistung wegen Geschäftsunfähigkeit des Kunden jedoch nicht einfordern können. Dies gilt umso mehr, als die Einrichtungen trotz unwirksamen Vertrages die faktische Vertragsbeziehung nur aus wichtigem Grund lösen können.

Ähnliche Konstellationen finden sich auch in der Eingliederungshilfe. Um einen gerechten Interessensausgleich herzustellen, ist daher den Einrichtungen ein Vergütungsanspruch in Höhe der in SGB XI und SGB XII vorgesehenen Entgelte gemäß § 7 Abs. 2 Satz 2 und 3 WBVG einzuräumen.

Kündigung

Grundsätzlich lässt sich sagen, dass die im Gesetz vorgesehenen Regelungen zu Änderungen des Vertragsverhältnisses die unterschiedlichen rechtlichen Konstellationen differenziert abbilden. Bei den Regelungen zur Kündigung durch den Verbraucher ist die grundlose fristlose Kündigung innerhalb der ersten zwei Wochen zu streichen. Vereinbarungen über ein befristetes Probewohnen können auf Grundlage der allgemeinen Befristungsregelungen hinreichend geschlossen werden.

Gemäß § 12 Abs. 3 S. 3 wird eine Kündigung des Unternehmers unwirksam, wenn dieser bis zum Ablauf von zwei Monaten nach Eintritt der Rechtshängigkeit des Räumungsanspruchs hinsichtlich des fälligen Entgelts befriedigt wird oder eine öffentliche Stelle sich zur Befriedigung verpflichtet. Diese Regelung ist an § 569 Abs. 3 Nr. 2 BGB angelehnt und grundsätzlich sinnvoll. Um jedoch einen Missbrauch auszuschließen, sollten in § 12 Abs. 3 an Satz 3 folgende Sätze aufgenommen werden: „Dies gilt nicht, wenn der Kündigung vor nicht länger als zwei Jahren eine nach Satz 3 unwirksame Kündigung vorausgegangen ist."

Entgelterhöhung

a) Höhe des Entgelts

Gesetzentwurf: § 7 Abs. 2 S. 2 und 3 bestimmen, dass sich die Höhe des Entgelts in Verträgen mit Leistungsempfängern nach dem SGB XI und dem SGB XII nach den jeweiligen leistungsrechtlichen Bestimmungen des SGB XI und des SGB XII richtet. In diesen Fällen gilt gemäß § 9 Abs. 1 S. 3 auch die vereinbarte oder festgesetzte Entgelterhöhung grundsätzlich als angemessen.

Bewertung: Die Regelung, dass die nach dem Leistungsrecht des SGB XI oder SGB XII vereinbarten Entgelte als vereinbart und angemessen gelten, schützt die Einrichtungen davor, dass die nach langwierigen Verhandlungen mit Pflegekassen und Sozialhilfeträgern vereinbarte Vergütungshöhe zusätzlich zivilrechtlich überprüft und damit eventuell wieder in Frage gestellt wird. Die Regelung nach § 9 Abs. 1 S. 3 stellt rechtlich klar, dass es für die Wirksamkeit der Entgelterhöhung ausreicht, wenn die Einrichtung die im Rahmen von Pflegesatzverhandlungen angestrebte Entgelterhöhung dem Bewohner oder der Bewohnerin ankündigt und nicht mehr das Ende der Pflegesatzverhandlungen abwarten muss, um den Bewohner von einer Entgelterhöhung in Kenntnis zu setzen. Durch diese Regelung können viele Rechtsstreitigkeiten, die in der Praxis aufgrund der bisher geltenden Regelungen des Heimrechts entstanden sind, in Zukunft vermieden werden.

b) Begründung der Entgelterhöhung

Gesetzentwurf: § 9 Abs. 2 S. 2 sieht vor, dass in der Begründung für eine Entgelterhöhung unter Angabe des Umlagemaßstabs die Positionen benannt werden müssen, für die sich durch die veränderte Berechnungsgrundlage Kostensteigerungen ergeben.

Bewertung: Der Verbraucher muss bei Entgelterhöhungen grundsätzlich nachvollziehbare Instrumente an die Hand bekommen. Dazu ist es sinnvoll klarzustellen, welche Positionen gemeint sind.

Formulierungsvorschlag: In § 9 Abs. 2 S. 3 ist das Wort „Positionen" zu präzisieren als die „des § 3 Abs. 3 Ziff. 1".

c)   Einsicht in die Kalkulationsunterlagen

Gesetzentwurf: § 9 Abs. 2 S. 4 ermöglicht bei Entgelterhöhungen die Einsichtnahme in die Kalkulationsunterlagen.

Bewertung: Die BAGFW teilt die Ansicht, dass dem Verbraucher Entgelterhöhungen hinreichend begründet werden müssen. Kalkulationsunterlagen enthalten Betriebs- und Geschäftsgeheimnisse, die nicht uneingeschränkt offengelegt werden können. Ein Ausgleich der Interessen der Leistungserbringer und der Verbraucher könnte dadurch hergestellt werden, dass der Heimbeirat ein solches Einsichtnahmerecht erhält. Eine solche Regelung wäre allerdings von den Ländern zu treffen.

Formulierungsvorschlag: § 9 Abs. 2 S. 4 wird gestrichen.

Wechsel der Vertragsparteien

Diese Regelung ist zu begrüßen. Da sie nicht mit sozialrechtlichen Regelungen kollidieren kann, sondern eine rein zivilrechtliche Regelung darstellt, soll im Zusammenhang mit Frage 15 nicht näher darauf eingegangen werden. Im Übrigen verweisen wir auf die detaillierte Stellungnahme zu § 5, die unter Ziffer III folgt.

16.   Welche Rechte hat der Hinterbliebene eines unverheirateten/gleich-geschlechtlichen Paares auf Fortführung des Wohnvertrages?

Der Wohnvertrag kann mit Personen, die mit dem Verbraucher einen auf Dauer angelegten gemeinsamen Haushalt führen und nicht Vertragspartner des Unternehmers hinsichtlich der Wohnraumüberlassung sind, das Vertragsverhältnis hinsichtlich der Wohnraumüberlassung fortführen. Dabei ist es unerheblich, ob die Hinterbliebenen mit dem Verstorbenen verheiratet waren oder in einer gleichgeschlechtlichen Beziehung gelebt haben. Es kommt allein auf den Nachweis der vorausgegangenen Führung eines gemeinsamen Haushalts an. Somit können auch Hinterbliebene unverheirateter oder gleichgeschlechtlicher Paare das Vertragsverhältnis unter den dafür vorgesehenen Regelungen fortsetzen. Bei nicht gewünschter Fortsetzung des Vertragsverhältnisses sollte dieses jedoch nicht rückwirkend enden, weil dann der Wohnungsgeber trotz Leistung keinen Vergütungsanspruch hätte. Rückabwicklungen über §§ 812 ff. BGB sind nicht zumutbar.

17. Wie schätzen Sie die Gewährleistung und Umsetzbarkeit der Transparenz bei Erhöhung des Entgelts ein, wenn die Position, der Zeitpunkt, der Erhöhungsanteil im Vergleich zum bisherigen Posten angegeben und eine Einsichtnahme in die Kalkulationsgrundlage vom Verbraucher verlangt werden muss?

Zunächst einmal weisen wir darauf hin, dass es nicht um Einsichtnahme in die Kalkulationsgrundlage geht, sondern in Kalkulationsunterlagen. Zudem kann der Verbraucher darin Einsicht nehmen, muss es jedoch nicht.

a)   Positionen, für die sich Kostensteigerungen ergeben

Gesetzentwurf: § 9 Abs. 2 S. 2 sieht vor, dass in der Begründung für eine Entgelterhöhung unter Angabe des Umlagemaßstabs die Positionen benannt werden müssen, für die sich durch die veränderte Rechnungsgrundlage Kostensteigerungen ergeben. Das Gesetz definiert jedoch nicht, was unter „Positionen" verstanden wird.

Bewertung: Der Verbraucher muss bei Entgelterhöhungen grundsätzlich nachvollziehbare Instrumente an die Hand bekommen. Dazu ist es sinnvoll klarzustellen, welche Positionen gemeint sind.

Formulierungsvorschlag: In § 9 Abs. 2 S. 3 ist das Wort „Positionen" zu präzisieren als die „des § 3 Abs. 3 Ziff. 1".

b)   Einsichtnahme in Kalkulationsunterlagen

Gesetzentwurf: § 9 Abs. 2 S. 4 ermöglicht bei Entgelterhöhungen die Einsichtnahme in die Kalkulationsunterlagen.

Bewertung: Die BAGFW teilt die Ansicht, dass dem Verbraucher Entgelterhöhungen hinreichend begründet werden müssen. Kalkulationsunterlagen enthalten Betriebs- und Geschäftsgeheimnisse, die nicht uneingeschränkt offengelegt werden können. Ein Ausgleich der Interessen der Leistungserbringer und der Verbraucher könnte dadurch hergestellt werden, dass der Heimbeirat ein solches Einsichtnahmerecht erhält. Eine solche Regelung wäre allerdings von den Ländern zu treffen.

III. VORSCHRIFTEN IM EINZELNEN

§ 1 Anwendungsbereich des Gesetzes
Unbestimmte Rechtsbegriffe

<u>Gesetzentwurf</u>: § 1 Abs. 2 Ziffer 3 erstreckt den Anwendungsbereich des Gesetzentwurfs auf den Fall, dass der Unternehmer den Abschluss des Vertrags über die Überlassung von Wohnraum vom Abschluss des Vertrags über die Erbringung von Pflege- und Betreuungsleistungen zwar nicht durch rechtliche Verbindung der Verträge, aber durch <u>tatsächliche</u> Verbindung abhängig macht. Nach Satz 2 soll das Gesetz auch dann gelten, wenn die Überlassung von Wohnraum und die Erbringung von Pflege- und Betreuungsleistungen in verschiedenen Verträgen und zudem mit mehreren Unternehmern vereinbart werden, die <u>rechtlich und wirtschaftlich miteinander verbunden</u> sind.

§ 1 Abs. 1 S. 3 sieht zudem vor, dass das Gesetz nicht anzuwenden ist, wenn der Vertrag neben der Überlassung von Wohnraum ausschließlich die Erbringung von „allgemeinen Betreuungsleistungen" zum Gegenstand hat. Als Beispiele für „allgemeine Betreuungsleistungen" werden die typischen Leistungen des Servicewohnens wie die Vermittlung von Pflege- und Betreuungsleistungen oder hauswirtschaftlichen Leistungen sowie die Bereitstellung eines Notrufdienstes genannt.

<u>Bewertung</u>: Die BAGFW begrüßt die Zielsetzung des Gesetzgebers, die Umgehung der Vorschriften durch insbesondere gesellschaftsrechtliche Gestaltungen zu verhindern und den Anwendungsbereich des Gesetzes auf die Fälle der doppelten Abhängigkeit des Verbrauchers zu beschränken. Der Gesetzentwurf verwendet jedoch mit den Begriffen „tatsächliche Verbindung" der Verträge und „rechtliche oder wirtschaftliche Verbundenheit" der Unternehmen unbestimmte Rechtsbegriffe, aufgrund derer es in der Rechtspraxis zu Rechtsunsicherheiten kommen kann, welche durch die Rechtsprechung erst mit erheblicher zeitlicher Verzögerung verringert werden können. Hierdurch könnte u. a. die wünschenswerte stärkere Vernetzung der Leistungsangebote behindert werden. So bleibt in § 1 Abs. 2 S. 2 offen, ob für die Geltung des WBVG allein die in dieser Regelung genannte Voraussetzung der „rechtlichen oder wirtschaftlichen Verbundenheit" der beteiligten Leistungserbringer ausreicht oder ob auch hier die in § 1 Abs. 2 S. 1 Nr. 1 bis 3 genannten Voraussetzungen der vertraglichen Verknüpfung der Wohnraumüberlassung mit den Pflege- und Betreuungsleistungen vorliegen müssen.

Darüber hinaus macht die Regelung des § 1 Abs. 2 Nr. 3 keinen Sinn, weil selbst bei faktischer Koppelung der Verträge im Kontext des Einzugs die Vertragswerke eine jederzeitige getrennte Kündigungsmöglichkeit des Dienstleistungsverhältnisses und des Mietverhältnisses zulassen müssen. Ansonsten wäre § 1 Abs. 2 Nr. 1 und Nr. 2 anwendbar.

Weiterhin ist die Praktikabilität der Beweislastregel des § 1 Abs. 2 Satz 2 WBVG-E inakzeptabel, weil nur schwer bewiesen werden kann, was nicht vorhanden ist.

Auch der Begriff „allgemeine Betreuungsleistungen" in § 1 Abs. 1 S. WBVG kann zu Rechtsunklarheiten führen, da er im Gesetz nur beispielhaft ausgeführt, aber inhaltlich nicht näher hin bestimmt wird.

Mit der Definition des Anwendungsbereiches fallen auch neue Wohnformen wie ambulant betreute Wohngemeinschaften in den Anwendungsbereich des Gesetzes, sofern die Bewohner/innen nicht frei über die Wahl des Anbieters von Pflege- und Betreuungsleistungen entscheiden können. Für die Betreiber von alternativen Wohnprojekten wird der Auf- und Ausbau einer solchen Wohnform zukünftig in der Praxis durch Teile der Regelungen im WBVG erschwert. So berücksichtigt die Regelung einer fristlosen Kündigung durch den Verbraucher in den ersten zwei Wochen nach § 11 Absatz 2 nicht, wie viel Zeit durchschnittlich vergeht, bis eine neue Mieterin bzw. ein neuer Mieter gefunden werden kann.

Lösungsvorschlag:

Der Begriff „allgemeine Betreuungsleistungen" in § 1 Abs. 1 Satz 3 soll durch den Begriff „sonstige unterstützende Dienstleistungen" ersetzt werden.

§ 1 Abs. 2 Ziffer 3 wird gestrichen.

§ 1 Abs. 2 S. 2 soll wie folgt verändert werden: „Das Gleiche gilt, wenn die Voraussetzungen nach Abs. 2 Satz 1 bei Leistungen vorliegen, die von verschiedenen Unternehmen geschuldet werden, wenn diese rechtlich oder wirtschaftlich miteinander verknüpft sind."

Im Übrigen wird vorgeschlagen, dass Teile der Gesetzesbegründung zu den Begriffen der „rechtlichen oder wirtschaftlichen Verbindung" zur rechtlichen Klarstellung in den Gesetzestext aufgenommen werden.

§ 2 Ausnahmen vom Anwendungsbereich

Bewertung: Aus dem Anwendungsbereich zusätzlich auszunehmen sind Leistungen der Tages- und Nachtpflege, denn hier ist die Erbringung von Pflege- und Betreuungsleistungen nicht an die Überlassung von Wohnraum gekoppelt.

Von dem Anwendungsbereich des WBVG werden nach dem vorliegenden Gesetzentwurf zudem ausdrücklich die Leistungen der Krankenhäuser, Vorsorge- oder Rehabilitationseinrichtungen i.S.d. § 107 SGB V ausgenommen. Zeitlich begrenzte Leistungen gibt es aber nicht nur im Kontext des SGB V, sondern auch im Kontext der Leistungen für suchtkranke und psychisch erkrankte Personen auf der Grundlage des SGB XII oder einschlägiger anderer Landes- oder Bundesgesetze. Die Sozialhilfeträger bewilligen z.b. Leistungen an psychisch- oder suchterkrankte Personen i.d.R. nur befristet und oftmals nicht länger als 2 Jahre. Darüber hinaus ist es in Suchthilfeeinrichtungen in Absprache mit den Sozialhilfeträgern üblich, dass zur Sicherstellung des Heilungserfolges eine Kündigung bei anhaltendem Suchtmittelrückfall möglich ist. Eine längere zeitliche Befristung oder eine an den Zeitraum der Leistungsbewilligung geknüpfte Beendigung des Vertrages sowie eine Kündigungsmöglichkeit bei anhaltendem Suchtmittelrückfall steht aber im Widerspruch zu den in § 4 Abs. 1 und § 12 WBVG-E vorgesehenen Regelungen, die langfristige Vertragsverhältnisse vorsehen.

Das WBVG-E ist insofern durch seine grundsätzliche Ausrichtung auf langfristige stationäre oder betreute Wohnformen nicht geeignet, die Besonderheiten der Leistungserbringung für suchtkranke und psychisch erkrankte Personen zu regeln. Das Gleiche gilt auch für die Kurzzeitpflege, da der Aufenthalt dort nur vorübergehender Natur ist und die Qualitätssicherung sowie die Leistungsgestaltung im Pflegevertrag vereinbart werden könnten.

Lösungsvorschlag: Folgende Leistungen sind zusätzlich aus dem Anwendungsbereich des WBVG auszunehmen:

1   Leistungen der teilstationären Pflege in Einrichtungen der Tages- und Nachtpflege gemäß § 41 SGB XI

2   Leistungen der Kurzzeitpflege gemäß § 42 SGB XI

3   Leistungen in stationären oder ambulanten Wohnformen für psychisch- oder suchtkranke Menschen nach dem SGB XII, die nur einen vorübergehenden Aufenthalt vorsehen.

§ 3 Informationspflichten

Rechtsfolgen bei Verstoß gegen Informationspflichten (§ 3 Abs. 4)

Gesetzentwurf: Nach § 3 Abs. 4 kann der Verbraucher bei Verstoß gegen die Informationspflichten gemäß den Absätzen 1 bis 3 jederzeit ohne Einhaltung einer Frist gemäß § 6 Abs. 2 S. 2 kündigen.

Bewertung: Grundsätzlich sind die Regelungen zu den Informationspflichten der Unternehmen im Sinne der Gewährleistung von Leistungstransparenz und als Voraussetzung selbstbestimmter Entscheidungen der Verbraucher zu begrüßen. Unverhältnismäßig sind jedoch die Rechtsfolgen in § 3 Abs. 4. In vielen Fällen wird die umfassende Informationspflicht in der Praxis nicht einzuhalten sein. Ist beispielsweise ein geschäftsunfähiger oder demenziell erkrankter Verbraucher nach einem Krankenhausaufenthalt rasch in eine vollstationäre Pflegeeinrichtung aufzunehmen und ist zu diesem Zeitpunkt noch kein Betreuer oder Bevollmächtigter bestellt, kann die erforderliche Information nicht rechtzeitig zur Verfügung gestellt werden. In solchen Fällen ist ein sofortiges fristloses Kündigungsrecht des Bewohners unbillig. Der Bewohner ist durch die allgemeine Kündigungsmöglichkeit gemäß § 11 Abs. 1 hinreichend geschützt.

Lösungsvorschlag: Die Rechtsfolgen von § 3 Abs. 4 werden auf die Kündigungsfristen nach § 11 Abs. 1 beschränkt.

Leistungs- und Entgeltveränderungen (§ 3 Abs. 2 Nr. 4)

Gesetzentwurf: Nach § 3 Abs. 3 Nr. 4 gehört zur Information über die für den Verbraucher in Betracht kommenden Leistungen auch die Darstellung der Voraussetzungen für mögliche Leistungs- und Entgeltveränderungen.

Bewertung: Als „Voraussetzung" für mögliche Leistungs- und Entgeltveränderungen kommen prinzipiell viele vorhersehbare, aber auch nicht vorhersehbare Ursachen und Umstände im Einzelfall in Frage. Diese mögen in der Person des Heimbewohners, aber auch in der Institution der Einrichtung begründet sein. Die Darstellung der Voraussetzungen für Leistungs- und Entgeltveränderungen sollten daher im Einklang mit der Gesetzesbegründung auf die Vertragsanpassung bei Änderung des Pflege- und Betreuungsbedarfs beschränkt werden.

Lösungsvorschlag: § 3 Abs. 3 Nr. 4 soll wie folgt ergänzt werden: „der Voraussetzungen für mögliche Leistungs- und Entgeltveränderungen gemäß § 8 Abs. 1 und 2".

§ 4 Modalitäten des Vertragsabschlusses und Vertragsdauer

Befristung des Vertrages (§ 4 Abs. 1)

Gesetzentwurf: § 4 Abs. 1 bestimmt, dass eine Befristung des Vertrages nur zulässig ist, wenn sie die Gesamtdauer von drei Monaten nicht überschreitet.

Bewertung: Die Befristung von Verträgen erfolgt im Bereich des SGB XI z.B. im Rahmen der befristeten Einstufung in eine Pflegestufe nach § 33 SGB XI. Im Kontext der Eingliederungshilfe hängt die Befristung hingegen vielfach mit vorläufigen oder befristeten Entscheidungen der Sozialhilfeträger zusammen. In beiden Fällen haben die Bewohner ein erhebliches Interesse an der Befristung. Ist z.B. aufgrund einer Erkrankung der Pflegeperson ein Bewohner auf die Aufnahme in eine Kurzzeitpflege angewiesen, kann der Vertrag längstens bis zu 3 Monaten befristet werden. Benötigt entgegen der ursprünglichen Erwartungen die Pflegeperson 4

Monate für ihre eigene Regeneration ist ein unbefristeter Vertrag zu schließen und unter Einhaltung der Kündigungsfristen zu kündigen. Entscheidet die Pflegekasse nur vorläufig über eine Einstufung, die einen längeren Einrichtungsaufenthalt vermuten lassen, und kommt es später wegen guter Pflegeleistungen zu einer erheblichen Verbesserung des Bewohnerbefindens, sind Bewohner und Einrichtung an den Vertrag gebunden, obwohl im Kontext eines befristeten Vertrages viel zielgerichteter auf die Stärkung der Selbstständigkeit hingearbeitet werden kann. Ebenso muss ggf. die bestehende Wohnung gekündigt werden, die dann für einen Wiederbezug nicht mehr zur Verfügung steht. Im Bereich der Eingliederungshilfe würde ein Bewohner wegen der faktischen Unkündbarkeit eines Vertrages nach § 12 WBVG-E für die Einrichtung einen Anspruch auf Fortsetzung des Aufenthalts in einer Einrichtung erhalten, auch wenn kein Bedarf mehr besteht und der Sozialhilfeträger deshalb eine weitere Leistungsbewilligung ablehnt. Basiert das Konzept auf einer Wohngemeinschaft, wird das Konzept und seine Finanzierung insgesamt in Frage gestellt, wenn Bewohner, die keinen Bedarf mehr haben, in der Wohngemeinschaft verbleiben. Es empfiehlt sich daher insbesondere unter dem Gesichtspunkt des Bewohnerinteresses nicht, die Befristung generell auf bis zu 3 Monaten zu beschränken. Vielmehr sollte eine generelle Befristungs- mit Verlängerungsmöglichkeit zugelassen werden, um den unterschiedlichen Anforderungen im Bereich der Pflege aber auch insbesondere im Bereich der Eingliederungshilfe genügen zu können. Auch befristete Einstufungen nach § 33 SGB XI gehen vielfach über drei Monate hinaus.

<u>Lösungsvorschlag</u>: In § 4 Abs. 1 Satz 2 werden die Worte „bis zu einer Gesamtdauer von drei Monaten" gestrichen.

Wirksamkeit des Vertrags bei geschäftsunfähigen Personen (§ 4 Abs. 2 S. 3)

<u>Gesetzentwurf</u>: Bei bereits bewirkter Leistung und Gegenleistung gilt der Vertrag als wirksam geschlossen.

<u>Bewertung</u>: Klarzustellen ist die Rechtssituation für geschäftsunfähige Bewohner bei Anwendung von § 4 Abs. 2 S. 3 WBVG-E. Trotz unwirksamen Vertrages soll dieser hinsichtlich der bewirkten Leistung und deren Gegenleistung wirksam sein. Durch die Formulierung wird nicht deutlich, ob damit nur die bewirkte Gegenleistung oder generell jede Gegenleistung einer bewirkten Leistung gemeint ist. Die Einrichtungen würden unangemessen benachteiligt, wenn sie in gutem Glauben Leistungen erbracht haben, die Gegenleistung dafür aber nicht einfordern können. Das gilt umso mehr, als die Einrichtungen trotz Unwirksamkeit des Vertragsverhältnisses die faktische Beziehung nur aus wichtigem Grund lösen können sollen.

<u>Lösungsvorschlag</u>: Es wird daher angeregt, § 4 Abs. 2 S. 3 WBVG-E wie folgt zu fassen: „In Ansehung einer erbrachten Leistung ist die Gegenleistung entsprechend § 7 Abs. 2 S. 2 und 3 zu erbringen".

Vertragsende bei Tod (§ 4 Abs. 3)

<u>Gesetzentwurf</u>: § 4 Abs. 3 ermöglicht den Vertragspartnern, über den Tod des Verbrauchers hinaus, für eine begrenzte Zeit die Fortgeltung des Vertrages zu vereinbaren. Nach § 15 Abs. 1 gilt dies allerdings nicht für Personen, die Leistungen nach dem SGB XI in Anspruch nehmen.

<u>Bewertung</u>*:* Die BAGFW begrüßt die Möglichkeit des § 4 Abs. 3. Unverständlich ist allerdings, dass der Gesetzgeber diese Möglichkeit für Bezieher von Leistungen nach dem SGB XI ausschließt, denn das Entgelt für den Wohnraum und die gesondert berechenbaren Investitionskostenanteile sind ohnehin vom Verbraucher zu tragen.

Ebenfalls aus Bewohnersicht ist es nicht nachvollziehbar, warum den Angehörigen von Leistungsbeziehern von Leistungen nach dem SGB XI eine angemessene Trauerzeit verwehrt werden soll. § 4 Abs. 3 WBVG-E sieht zwar vor, dass der Vertrag für die Überlassung des Wohnraums nach Versterben des Bewohners für einen Zeitraum von 2 Wochen fortbestehen kann. Diese Regelung wird aber durch § 15 WBVG-E konterkariert, die die Vorrangigkeit der Regelungen des SGB XI und damit auch des § 87a Abs. 1 S. 2 SGB XI vorsieht. Danach endet der Vertrag sofort mit dem Tod des Bewohners. Das bedeutet, dass den Angehörigen von Bewohnern die SGB XI-Leistungen beziehen, die Möglichkeit der Trauerzeit und der Auflösung des Hausstands in angemessener Zeit genommen wird. Die Einrichtungen werden dadurch aus vertragsrechtlichen und finanziellen Gründen heraus gehalten, die Zimmer bereits unmittelbar nach dem Tod zu räumen bzw. räumen zu lassen. Da es nicht um den Weiterbezug von Pflegesachleistungen nach dem Tod des Bewohners geht, sondern nur noch um das Vorhalten des Wohnraums, wäre es daher angemessen, die Angehörigen nach dem Tod des Bewohners nicht sofort mit der Räumungsaufforderung konfrontieren zu müssen. Die Belastung des Nachlasses ist durch den sehr kurzen Zeitraum von 2 Wochen geringfügig.

<u>Lösungsvorschlag</u>: In § 87a Abs. 1 Satz 2 SGB XI werden nach dem Wort „endet" folgende Wörter eingefügt: „hinsichtlich der Pflegesätze im Sinne des § 84 SGB XI".

Sollte dieser Vorschlag nicht konsentierbar sein, wird angeregt, § 15 WBVG-E zu streichen.

§ 5 Wechsel der Vertragsparteien

Gesetzentwurf: Neu im Kabinettsentwurf zum WBVG ist § 5, der den Wechsel der Vertragsparteien regelt.

Bewertung: Diese Regelung soll Eheleuten bzw. Paaren – in Ausnahmefällen auch anderen Personen, die mit einem Pflegebedürftigen im gemeinsamen Haushalt zusammenwohnen - zu Gute kommen und wird daher begrüßt. Bei nicht gewünschter Fortsetzung des Vertragsverhältnisses sollte dieses jedoch nicht rückwirkend enden, um eine komplizierte Rückabwicklung nach §§ 812 ff BGB zu vermeiden.

Lösungsvorschlag: § 5 Abs. 1 S. 2 ist wie folgt zu ergänzen: „Erklären Personen, mit denen das Vertragsverhältnis fortgesetzt wurde, innerhalb von vier Wochen nach dem Sterbetag des Verbrauchers dem Unternehmer, dass sie das Vertragsverhältnis nicht fortsetzen wollen, gilt die Fortsetzung des Vertragsverhältnisses ab dem Zeitpunkt der Erklärung als nicht erfolgt."

§ 6 Schriftform und Vertragsinhalt

Gesetzentwurf: Nach § 6 Abs. 2 Satz 2 kann der Verbraucher jederzeit fristlos kündigen, solange kein schriftlicher Vertrag vorliegt.

Bewertung: Diese Regelung beachtet nicht, dass die fehlende Schriftform in der Praxis auch aus der Sphäre der Bewohner/innen und nicht nur des Unternehmers kommen kann. Weigert sich ein Bewohner einen schriftlichen Vertrag zu schließen oder einer Vertragsanpassung schriftlich zuzustimmen, kann der Unternehmer keinen wirksamen schriftlichen Vertrag schließen. Befindet sich der Bewohner bereits im Heim, müsste dieses die notwendige Hilfe leisten und gleichwohl die fristlose Kündigung gewärtigen.

Lösungsvorschlag: § 6 Abs. 2 Satz 2 ist deshalb um einen Halbsatz zu ergänzen: „...kündigen, wenn die mangelnde Schriftform vom Unternehmer zu vertreten ist."

§ 8 Vertragsanpassung

Vertragsanpassung bei Änderung des Pflege- und Betreuungsbedarfes (§ 8)

Annahme des Angebots (§ 8 Abs. 1 S. 2)

Gesetzentwurf: Nach § 8 Abs. 1 Satz 2 kann der Verbraucher das Angebot des Unternehmers ganz oder teilweise annehmen.

Bewertung: Die BAGFW hält die beabsichtigte Regelung für unpraktikabel. Das Angebot des Leistungserbringers muss sich nach den pauschalen

Regelleistungsverzeichnissen richten, die mit den Sozialleistungsträgern vereinbart sind. Ein solches Angebot ist daher nicht teilbar und kann dementsprechend nicht nur teilweise angenommen werden.

<u>Lösungsvorschlag</u>: § 8 Abs. 1 Satz 2 wird wie folgt gefasst: „Der Verbraucher kann das Angebot nur im Ganzen annehmen."

Modalitäten der einseitigen Erklärung einer Vertragsanpassung bei Änderung des Pflege- und Betreuungsbedarfs (§ 8 Abs. 2)

<u>Gesetzentwurf</u>: § 8 Abs. 2 verweist auf Absatz 1 Satz 3 und macht damit die einseitige Vertragsanpassung von der Zustimmung des Verbrauchers abhängig.

<u>Bewertung</u>: Eine einseitige Vertragsanpassung ist sinnvoll und korrespondiert insoweit auch mit der Regelung in § 87a Abs. 2 SGB XI, der eine entsprechende Möglichkeit vorsieht. Warum die einseitige Erhöhungserklärung dann wieder durch den Verweis auf § 8 Abs. 1 S. 3 WBVGE von der Zustimmung der Bewohner abhängig gemacht werden soll, erschließt sich nicht. Das würde vielmehr dazu führen, dass eine einseitige Erhöhungserklärung generell ausgeschlossen ist. Dadurch würde nicht nur die Regelung in § 87a Abs. 2 SGB XI ad absurdum geführt. Vielmehr belasten Bewohner, die trotz höheren Bedarfs eine Zustimmung verweigern, die Mitbewohner, weil der höhere Bedarf aufgrund der Bedarfsdeckungspflicht in der Einrichtung dann auch ohne Erhöhung der Vergütung – und damit einer besseren Personal- und Sachausstattung – sichergestellt werden muss. Durch die Möglichkeit, die Zustimmung aus Kostengründen zu verweigern, wird damit die Solidargemeinschaft der Mitbewohner belastet, für die wegen des Solidarprinzips innerhalb der Einrichtung insgesamt weniger zur Verfügung steht. Um Spannungen zwischen den Bewohnern zu vermeiden, wird daher von der Abschaffung der einseitigen Vertragsanpassung abgeraten.

<u>Lösungsvorschlag</u>: In § 8 Abs. 2 werden die Wörter „nach Maßgabe des Absatzes 1 Satz 3" gestrichen.

§ 9 Entgelterhöhung bei Änderung der Berechnungsgrundlage

Begründung der Entgelterhöhung (§ 9 Abs. 2 S. 3)

<u>Gesetzentwurf</u>: § 9 Abs. 2 S. 3 WBVG-E sieht vor, dass in der Begründung unter Angabe des Umlagemaßstabes die Positionen benannt werden müssen, für die sich durch die veränderte Berechnungsgrundlage Kostensteigerungen ergeben.

<u>Bewertung</u>: Im Hinblick auf die Begründungspflicht der Einrichtungen für Entgelterhöhungen bei Änderung der Berechnungsgrundlage wäre es hilfreich, wenn klargestellt würde, worauf sich die Begründungspflicht be-

zieht. Für die Bewohner wie die Einrichtungen ist es wichtig, nachvollziehbare und umsetzbare Instrumente an die Hand zu bekommen. Ausgehend von den übrigen Anforderungen an die Vertragsgestaltung durch das WBVG-E sollte darüber hinaus eine Harmonisierung der Vorschriften angestrebt werden. Hier könnte es hilfreich sein, wenn in § 9 Abs. 2 S. 3 WBVG-E klargestellt würde, welche Positionen gemeint sind. Lösungsvorschlag: § 9 Abs. 2 S. 3 soll nach dem Wort "Positionen" die Formulierung "des § 3 Abs. 3 Ziff. 1" zu ergänzt werden und die Worte „unter Angabe des Umlagemaßstabs" sollen gestrichen werden.

Modalitäten der Entgelterhöhung (§ 9 Abs. 1 S. 3)

Gesetzentwurf: § 7 Abs. 2 S. 2 und 3 bestimmen, dass sich die Höhe des Entgelts in Verträgen mit Leistungsempfängern nach dem SGB XI und dem SGB XII nach den jeweiligen leistungsrechtlichen Bestimmungen des SGB XI bzw. SGB XIII richtet und somit als vereinbart und angemessen gilt. Auch die vereinbarte oder festgesetzte Entgelterhöhung gilt in diesen Fällen gemäß § 9 Abs. 1 S. 3 grundsätzlich als angemessen.

Bewertung: Die Regelung, dass die nach dem Leistungsrecht des SGB XI oder SGB XII vereinbarten Entgelte als vereinbart und angemessen gelten, schützt die Einrichtungen davor, dass die nach langwierigen Verhandlungen mit Pflegekassen und Sozialhilfeträgern vereinbarte Vergütungshöhe zusätzlich zivilrechtlich überprüft und damit eventuell wieder in Frage gestellt wird. Die Regelung nach § 9 Abs. 1 S. 3 stellt rechtlich klar, dass es für die Wirksamkeit der Entgelterhöhung ausreicht, wenn die Einrichtung die im Rahmen von Pflegesatzverhandlungen angestrebte Entgelterhöhung dem Bewohner oder der Bewohnerin ankündigt und nicht mehr das Ende der Pflegesatzverhandlungen abwarten muss, um den Bewohner von einer Entgelterhöhung in Kenntnis zu setzen. Durch diese Regelung können viele Rechtsstreitigkeiten, die in der Praxis aufgrund der bisher geltenden Regelungen des Heimrechts entstanden sind, in Zukunft vermieden werden.

Entgelterhöhung wegen Investitionen

Gesetzentwurf: Nach § 9 Abs. 1 S. 3 können Investitionsaufwendungen nur geltend gemacht werden, soweit sie nach der Art des Betriebes notwendig sind.

Bewertung: Mit dieser Regelung sind Investitionsaufwendungen nicht anerkennungsfähig, die der Energieeinsparung, der Erhaltung der Vermietbarkeit und damit der wirtschaftlichen Auslastung oder auch verbesserten Arbeitsabläufen und damit einer Optimierung des Personaleinsatzes dienen.

Lösungsvorschlag: Analog zu § 559 BGB für das allgemeine Mietrecht ist § 9 Abs. 1 S. 3 wie folgt zu verändern: „Entgelterhöhungen aufgrund von Investitionsaufwendungen sind nur zulässig, soweit sie der Modernisierung des Wohnraums dienen oder nach der Art des Betriebes notwendig sind und nicht durch öffentliche Förderung gedeckt werden".

Einsicht in Kalkulationsgrundlagen (§ 9 Abs. 2 S. 5)

Gesetzentwurf: § 9 Absatz 2 Satz 5 ermöglicht die Einsichtnahme in Kalkulationsunterlagen.

Bewertung: Die BAGFW stellt nicht die Notwendigkeit einer hinreichenden Begründung im Fall einer Entgelterhöhung in Abrede. Das Recht zur Einsichtnahme in Kalkulationsgrundlagen ist aber zu weitgehend. Diese enthalten Betriebs- und Geschäftsgeheimnisse, an denen der Unternehmer ein schützenswertes Interesse hat. Ein solches Recht ist auch aus Gründen des Verbraucherschutzes nicht geboten, wenn die Begründung der Entgelterhöhung den Erfordernissen des Absatzes 2 Satz 3 entspricht. Ein Ausgleich der Interessen der Leistungserbringer und der Verbraucher könnte dadurch hergestellt werden, dass der Heimbeirat ein solches Einsichtnahmerecht erhält. Eine entsprechende Regelung wäre durch die Länder zu treffen.

Lösungsvorschlag: § 9 Abs. 2 Satz 5 wird gestrichen.

§ 10 Nichtleistung oder Schlechtleistung

Gesetzentwurf: Gegenüber dem Referentenentwurf wurde in Absatz 2 eingefügt, dass Minderungsansprüche wegen Mängel des Wohnraums nur bei unverzüglicher Mängelrüge und auch nur mit Wirkung für die Zukunft geltend gemacht werden können.

Bewertung: Auch bei Mängeln der Dienstleistung ist eine unverzügliche Mängelrüge im Gesetz vorzusehen. Andernfalls würde der Unternehmer unkalkulierbaren Risiken ausgesetzt sein und hätte nicht einmal die Chance, sich vertragsgerecht zu verhalten bzw. einen Dissens über Qualität und Quantität der Dienstleistungen aufzulösen.

Lösungsvorschlag: In § 10 Abs. 2 sind nach dem Wort „Wohnraums" die Worte „und der Pflege- und Betreuungsleistungen" zu ergänzen.

§ 11 Kündigung durch den Verbraucher

Gesetzentwurf: § 11 Abs. 2 des Entwurfs zum WBVG sieht eine jederzeitige fristlose Kündigungsmöglichkeit für den Verbraucher binnen der ersten zwei Wochen des Vertragsverhältnisses vor. Diese zwei Wochen verschieben sich nach hinten, wenn eine Ausfertigung des Vertrages erst später ausgehändigt wird.

Bewertung: Die Regelung entspricht § 120 Abs. 2 S. 2 und 3 SGB XI, der eine entsprechende Kündigungsmöglichkeit im Bereich der häuslichen

Pflege vorsieht. Die organisatorischen Bedingungen in der häuslichen Pflege sind aber mit den Umständen in der stationären Pflege nicht vergleichbar. Die fristlose Kündigungsmöglichkeit belastet den Unternehmer einseitig unverhältnismäßig, da der Verwaltungs- und Organisationsaufwand bei Verträgen zur Überlassung des Wohnraums hoch ist. Mit der Regelung will der Gesetzgeber ausweislich der Gesetzesbegründung das Probewohnen ermöglichen. Diesem im Sinne des Verbraucherschutzes berechtigten Anliegen wird aber bereits durch die Möglichkeit von befristeten Verträgen ausreichend Rechnung getragen, um die Interessen der Verbraucher und Unternehmer hinreichend auszugleichen.

Lösungsvorschlag: Es wird daher vorgeschlagen, § 11 Abs. 2 WBVG-E zu streichen.

§ 12 Kündigung durch den Unternehmer

Gesetzentwurf: Gemäß § 12 Abs.3 Satz 3 wird eine Kündigung des Unternehmers nach § 12 Abs.1 Satz 3 Nr. 4 WBVG unwirksam, wenn dieser bis zum Ablauf von zwei Monaten nach Eintritt der Rechtshängigkeit des Räumungsanspruches hinsichtlich des fälligen Entgelts befriedigt wird oder eine öffentliche Stelle sich zur Befriedigung verpflichtet.

Bewertung: § 12 Abs.3 Satz 3 ist an § 569 Abs.3 Nr. 2 BGB angelehnt. Eine solche Regelung erscheint im Hinblick auf die Schutzbedürftigkeit des Verbrauchers in vielen Fällen sinnvoll. Um jedoch einen Missbrauch auszuschließen sollte als Satz 4 eine an § 569 Abs.3 Nr. 2 Satz 2 BGB angeglichene Regelung aufgenommen werden, die den besonderen Lebenslagen hinreichend Rechnung trägt.

Lösungsvorschlag: In § 12 Abs.3 Satz 3 sind als Sätze 4 und 5 mit aufzunehmen: „Dies gilt nicht, wenn der Kündigung vor nicht länger als zwei Jahren eine nach Satz 3 unwirksame Kündigung vorausgegangen ist.

§ 13 Nachweis von Leistungsersatz und Übernahme von Umzugskosten

Gesetzentwurf: Nach § 13 Abs. 4 kann der Verbraucher den Nachweis von Leistungsersatz und Umzugskosten von allen Vertragspartnern fordern, welche überdies gesamtschuldnerisch haften.

Bewertung: Die Regelung hat zur Folge, dass der Verbraucher seine Ansprüche – z.B. Umzugskosten
– gegenüber jedem Unternehmer geltend machen kann, so dass der Unternehmer auch für einen Anspruch des Verbrauchers einstehen muss, den er nicht zu vertreten hat. Damit haften Unternehmer für Ansprüche, deren

Entstehung sie nicht zu vertreten haben. Mit einer solchen Regelung werden sinnvolle Kooperationen von Leistungsanbietern gezielt verhindert. Lösungsvorschlag: § 13 Abs. 4 Sätze 3 und 4 sind zu streichen.

§ 14 Sicherheitsleistungen

Sicherheitsleistungen bei Bezug von Sozialleistungen
Gesetzentwurf: Nach § 14 Abs.4 kann der Leistungserbringer von Verbrauchern, die Leistungen nach dem SGB XI bzw. SGB XII beziehen, keine Sicherheitsleistung verlangen.
Bewertung: Die BAGFW lehnt die Regelung ab. In der Praxis kann nicht mehr davon ausgegangen werden, dass bei einer Kostentragung durch öffentlich-rechtliche Kostenträger kein Bedarf für eine Kautionsregelung besteht. Die Pflegekassen zahlen die Unterkunftskosten gerade nicht. Sie zählen seit Schaffung des SGB XII auch nicht mehr zu den Leistungen der Eingliederungshilfe. Darüber hinaus dienen Sicherheitsleistungen nicht nur der Absicherung von Mietausfällen, sondern insbesondere von Aufwendungen für Renovierungen und Beschädigungen der Mietsache.
Lösungsvorschlag: § 14 Abs. 4 wird gestrichen.
Bewohner- und Bewerberdarlehen
§ 14 Abs. 2 Ziffer 3 Heimgesetz sieht sogenannte Bewohner- und Bewerberdarlehen vor. Sie waren auch noch im Referentenentwurf vorgesehen. Aus nicht nachvollziehbaren Gründen sind sie im Regierungsentwurf nicht mehr vorgesehen.
Im Bereich der Seniorenresidenzen handelt es sich hier um eine weit verbreitete und auch sehr sinnvolle Form der Mitfinanzierung von Investitionen, für die öffentliche Mittel nicht zur Verfügung stehen und Bankdarlehen unnötig teuer sind. Je Residenz bewegen sich die Einlagen von Bewerbern und Bewohnern im nennenswerten zweistelligen Millionenbereich. Wenn diese Art der Finanzierung plötzlich nicht mehr möglich wäre, müssten zahlreiche Einrichtungen in erheblichen Größenordnungen umfinanzieren und die zusätzlichen Kosten auf die Bewohnerinnen und Bewohner umlegen.
Lösungsvorschlag: Eine § 14 Abs. 2 Ziffer 3 sowie Abs. 3 Heimgesetz entsprechende Regelung ist in das WBVG einzufügen.

Berlin, 14. April 2009

Gesetzestexte mit gekennzeichneten Änderungen

Zum 1. Juli 2008 ist die Reform der Pflegeversicherung in Kraft getreten. Das Pflege-Weiterentwicklungsgesetz (PfWG) bringt zahlreiche Änderungen des SGB XI sowie das neue Pflegezeitgesetz mit. In der vorliegenden aktuellen Fassung des SGB XI sind alle Änderungen farblich hervorgehoben. Diese Darstellungsweise sowie der vorangestellte Überblick über die wesentlichen Neuerungen erleichtern dem Praktiker den Übergang vom alten zum neuen Recht. Die Stellungnahme des Deutschen Caritasverbandes zu den Gesetzesänderungen bietet hilfreiche Hintergrundinformationen zur Entstehungsgeschichte der neuen Regelungen. Das Buch eignet sich für alle, die sich schnell in die neue Rechtslage einarbeiten müssen.

Deutscher Caritasverband (Hrsg.)
SGB XI –
Soziale Pflegeversicherung
Gesetzestext mit gekennzeichneten Änderungen durch die Pflegereform
Stand 1. Juli 2008
2008, 248 Seiten,
€ 14,50
Staffelpreis ab 3 Expl. € 11,00
ISBN 978-3-7841-1808-6

Lambertus-Verlag GmbH | Postfach 1026
D-79010 Freiburg | Telefon 0761/368 25 0
Telefax 0761/368 25 33 | info@lambertus.de
www.lambertus.de

SOZIAL | RECHT | CARITAS